Ulla Heise
Zu Gast im alten Leipzig

Ulla Heise

Zu Gast im alten

LEIPZIG

HUGENDUBEL

Stadt im Bild
Dokumentationen zur neueren Stadtgeschichte
herausgegeben von Richard Bauer

Umschlagmotiv vorn: Café Français (Felsche), um 1900
Umschlagmotiv hinten: Café Français (Felsche), um 1880

Die Deutsche Bibliothek – CIP-Einheitsaufnahme
Zu Gast im alten Leipzig / Ulla Heise. – München :
Hugendubel, 1996
(Stadt im Bild)
ISBN 3-88034-907-X
NE: Heise, Ulla

© Heinrich Hugendubel Verlag, München 1996
Alle Rechte vorbehalten

Lektorat: Barbara Imgrund, München
Produktion: Tillmann Roeder, München
Reproduktion: PHG, Martinsried
Satz: SatzTeam Berger, Ellenberg
Druck und Bindung: Appl, Wemding
Printed in Germany

ISBN 3-88034-907-X

Inhalt

Anstelle eines Vorwortes

In Leipzig wird jetzt alles eingerissen,
Was lange Zeit getrotzt dem Zeitensturm;
Die Pleißenburg hat daran glauben müssen,
Und nichts blieb von ihr übrig als der Thurm…

Was soll der ruh'ge Bürger dazu sagen,
Der mittelmäßig nur davon entzückt?
Die schönsten Berge werden abgetragen,
Das Bett der Pleiße einfach überbrückt.
Rasiert wird überall, gewöhnlich Knall und Fall,
Und eh' die Nachbarschaft was davon ahnt.
Wo man sich wohl gefühlt, wird Alles umgewühlt –
Durch jeden Winkel wird ein Weg gebahnt.

Die ältren Leipz'ger rufen Ach und Wehe,
Daß bald auch hier des Mäuers Hacke haust;
Sie waren hier – wie oft doch – in der Drehe,
Sie haben hier so manches Mal geschmaust.
Voll Andacht zippten hier sie manches Hecto Bier,
Die Knochen zausten sie von manchem Schwein
Und sahen außerdem in Ruhe und bequem
So manches stramme, wohlgeformte Bein.

Zur Hälfte gilt dies Hoch den frohen Stunden,
Die ein geprüftes, ringendes Geschlecht,
Mit diesem Haus durch Sympathie verbunden,
In diesem Raum versungen und verzecht.
Der Rest sei Dir geweiht, Du neue, schöne Zeit,
Die hoffentlich uns keinen Rückschritt bringt,
Dem Phönix frisch und stark voll Schönheit, Muth und Mark,
Der sich empor aus Schutt und Trümmern schwingt!

(Aus dem »Tafel-Lied zum Martins-Schmause im Großen Saal der
Centralhalle am 3. November 1897«, die wenige Tage später abgebrochen
und durch einen Neubau ersetzt wurde)

Leipziger Sommergartenleben zu Großvaters Zeiten (Holzstich von Kaeseberg & Oertel nach einer Zeichnung von A. Langhammer, 1890).

Zu Gast im alten Leipzig

»Wir fraßen herzhaft«, beschrieb Friedrich Schiller Ende des 18. Jahrhunderts die Qualität der Leipziger Küche in einem Brief an seinen Freund Theodor Körner.

Dieses kurze und bündige Dichterurteil wäre vermutlich auch ein passender Titel für eine Gesamtdarstellung der Geschichte des Essens und Trinkens in der Handelsstadt Leipzig vom Mittelalter bis um 1750. Raffiniertem Tafelluxus oder gehobenen Gaumenfreuden wurden bis dahin in der zumeist nüchtern rechnenden Kaufmannsstadt nur selten größere Entfaltungsmöglichkeiten geboten. Die ansässigen Berufsköche und -köchinnen (im 18. Jahrhundert zum Beispiel die bekannte Susanna Eger) beherrschten die bürgerliche Kochkunst unzweifelhaft auf hohem Niveau, aber nicht allzuoft hatten sie Gelegenheit, diese ausgiebig zu zelebrieren – denn feinere Tafelsitten leisteten sich, wenn überhaupt, weniger die ansässigen Kaufmannsmillionäre als vielmehr durch plötzlichen Handelserfolg reich gewordene Parvenüs, die im galanten Zeitalter nicht nur zweimal im Jahr die Mode wechselten, sondern auch repräsentative Diners nach französischem Muster gaben, deren kulinarische Zwecksetzung das Niveau von »wir fraßen herzhaft« kaum überstieg. Waren die sächsischen Kurfürsten in Leipzig, dann brachten sie ihre eigenen Köche nebst Küchenwagen mit – die Stadt hatte häufig nur die Kosten zu tragen. Wichtig auch: Was anderweitig für Luxusprodukte gehalten wurde (u.a. ausländische Weine, exotische Gewürze oder Südfrüchte, frische Austern, feines Wildbret wie Fasan, Auer- oder Birkhahn, importierter Hummer oder einheimischer Lachs, türkisches Backwerk oder russischer Kaviar), war – außer in Not- und Kriegszeiten – aufgrund des permanenten internationalen Handelsverkehrs schon seit dem späten Mittelalter bekannt und wurde in den Leipziger Küchen selbstverständlicher ver(sch)wendet als anderswo.

Hymnen auf Leipziger Küchen, Keller oder Backstuben sind über die Jahrhunderte nur selten gesungen worden. Satirische Loblieder existieren dagegen in Hülle und Fülle. Dichter und Schriftsteller, die – zu Gast im alten Leipzig – heute zu den Repräsentanten der deutschen Literatur zählen (u.a. Hans Sachs, Christian Reuter, Goethe, E.T.A. Hoffmann, Nietzsche), verewigten die messestädtische Küche in Haupt- und Nebenwerken mehr durch kulinarischen »Verriß« denn durch gastrosophisch-begeisterte Äußerungen. Die Leipziger nahmen es – bis auf einmal – durchaus gelassen bzw. »vergaßen« im Laufe der Zeit den satirischen Ansatz und fühlten sich ganz einfach nur gelobt: Daß der Vers »Mein Leipzig lob' ich mir, es ist ein klein Paris und bildet seine Leute« aus Goethes »Faust« (Szene in *Auerbachs Keller)* stammt – darauf ist man in Leipzig bis heute stolz. Daß diesen Ausspruch – als Leuchtreklame in der Innenstadt seit Jahrzehnten präsent – in dem Goetheschen Drama ein stark betrunkener Student von sich gibt, hat der allgemeine Sprachgebrauch mittlerweile ganz einfach vergessen. Auch Goethes Ode »An den Kuchenbäcker Hendel«, den Wirt des *Kuchengartens,* war mehr parodistische Auseinandersetzung mit der geschraubten Ausdrucksweise eines Universitätsprofessors denn ernstgemeintes Loblied auf

Küchen- und Kellerbeiträge zur deutschen Nationalliteratur

Gosenflaschenausritt als Parodie auf den Faustschen Faßausritt aus »Auerbachs Keller« (Postkarte, 1910).

den Pflaumen- und Johannisbeerkuchen beim sogenannten »Kuchenprofessor« vor den Toren der Stadt.

Drei Beispiele sollen zeigen, was Leipziger Gastlichkeit zu nationalen Literaturehren im 16./17. Jahrhundert verhalf. In den berühmten »Dunkelmännerbriefen« – deren Autoren die Zustände an der Leipziger Universität 1527 aufs Korn nahmen – wurde die tägliche studentische Kost beschrieben: »... in unserer Burse gibt es auch ein gutes Essen: zweimal täglich (mittags und abends) sieben Gänge.

1 Gang Semper [Immer]   = Grütze
2 Gang Continue [Fortwährend]   = Suppe
3 Gang Cotidie [Täglich]   = Mus
4 Gang Frequenter [Häufig]   = Magerfleisch
5 Gang Raro [Selten]   = Gebratenes
6 Gang Numquam [Niemals]   = Käse
7 Gang Aliquando [Manchmal]   = Äpfel und Birnen

Und dazu haben wir noch einen guten Trunk, der Conventum heißt [= besonders billiges und dünnes Bier]. Seht ihr, ist das nicht genug? Diese Ordnung halten wir das ganze Jahr über ein, und sie wird von allen gelobt. Auf unseren Stuben haben wir außer dieser Zeit nicht viel zu essen, was auch nicht gut wäre, weil die Studenten sonst nicht ordentlich studieren würden.«

War dies 1527 auch satirisch gemeint, so dürfte doch die Speiseabfolge durchaus realistisch gewesen sein, denn Brei- und Musstandard beherrschte im 16./17. Jahrhundert die Alltagskost der Durchschnittsbevölkerung.

Der kurzzeitigen Anwesenheit des »Schuhmachers und Poets dazu« Hans Sachs und dem Verdruß einer Leipziger Studentenköchin verdanken wir eines der ersten Leipziger »Originalrezepte« aus dem 16. Jahrhundert, das Hans Sachs in dem Schwank »Das Brudermus« aufzeichnete: Weil sie es ihren acht Herren Studenten nie recht machen konnte – dem einen schmeckte dies, dem anderen das nicht –, fragte die Köchin einmal genau nach, was die Herren denn am nächsten Tag essen wollten. Die acht verschiedenen Wünsche (Erbsen mit Speck, Röselwurst, Hirse, Krebse, geröstete Heringe, Bayrische Rüben, Möhren, gelbe Kuddelflecke) erfüllte sie, allerdings nicht einzeln, sondern mit einem nahezu ungenießbaren Eintopf:

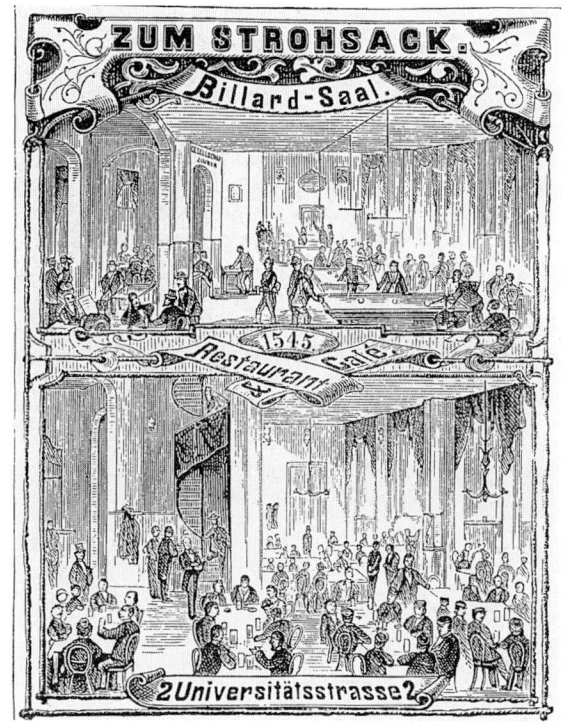

»Strohsack«-Werbegrafik (um 1880).

»Würste, Hirse, Krebs, Hering, Erbsen, Speck,
Möhren, Rüben, Kudellfleck.
Das tät sie in ein Hafen zsamm
Und setzt es zu des Feuers Flamm,
Und das untereinander sott.
Es ward weder weiß, schwarz oder rot,
Sondern ein wildes Brudermus
Das die Studenten hart verdruß...«

Dieses boshafte Ragout wurde als stilistisches Klischee immer wieder hervorgeholt, wenn es darum ging, die Leipziger Küche schlechtzumachen. Dabei war es eigentlich nichts anderes als die berechtigte Reaktion einer überforderten Köchin.

Die geschäftsschädigendste und möglicherweise beste literarische Schmähschrift, die in Leipzig je erschien, galt der Gastwirtin Anna Rosina Möller (auch Müller), Wirtin des Gasthofes *Zum Roten Löwen* (ehem. Brühl 34–40). Weil sie den Studenten Christian Reuter, der seine Rechnungen nicht bezahlte, 1694 vor die Tür gesetzt hatte, drehte dieser den Spieß um.

In seinen anonym in Umlauf gebrachten Schmähschriften wurde an »Frau Plißine« kein gutes Haar gelassen: »An unserer Frau Schlampampe kommen alle Tugenden zusammen; zum wenigsten war es eine dreckigte Nahrung, daß sie oftmals mit stinkendem Fleisch, abgestandenen Fischen, altbacken Krebsen und an dem Pips verreckten Hühnern ihre Gäste akkomodierte [bediente]. Dreckigt war es, daß sie am Tag aus demjenigen Topf kochte, worin ihr Däfftle [kleiner Sohn] des Nachts über das drückende Blasenwasser abgezapft. Dreckigt war es, daß sie vielmal die Kaldaunen mit inwohnendem natürlichen Vorrat in den Topf und auf den Tisch brachte... daß sie die Teller mit ihrem Hemd abwischte... daß sie unter während Zubereitung ihrer Speisen öfters unter ihren Pelz fuhr und gute starke Flöhe auffischte, welche sie hernach auf dem Hackbrett schlachtete und massakrierte...«

Frau Möller mußte zur Kenntnis nehmen, daß der Verfasser weitere Veröffentlichungen plante und sogar daran dachte, das Libretto für eine erste deutsche komische Oper mit den Hauptrollen für »eine ehrliche Frau Schlampampe« und deren mißratenen Sohn »Schelmuffsky« zu veröffentlichen. Frau Möller ging auf die Barrikaden – und Reuter wurde wegen übler Nachrede in Untersuchungshaft genommen. Der Wirtin schwante, daß ihr dies kaum Genugtuung zur Wiederherstellung ihrer Reputation brachte, denn die glänzend geschriebene Spottschrift kursierte weiter in der Stadt.

Frau Möller wandte sich an den sächsischen Kurfürsten, in der Hoffnung, die Kanzlei Augusts des Starken würde es für sie wieder richten. Nach Klagen über die unerhört beleidigende Schrift malte sie dem Landesvater aus, wie schlecht sie dastünde, wenn noch weitere Werke von diesem Autor erscheinen sollten. Sie bat nachdrücklich darum, Druck und Verbreitung von Reuters Schriften verbieten zu lassen, was natürlich – sogar wenn es angeordnet worden wäre – nicht gelang. Reuters unerhört spitze Feder kratzte als nächstes »Der ehrlichen Frau Schlampampe Krankheit und Tod« (1696) auf das Papier. Kurz bevor er Leipzig unfreiwillig verlassen mußte, verabschiedete er sich auch noch mit der parodistischen Leichenrede »Letztes Denk- und Ehrenmal, der weiland gewesenen Frau Schlampampe« (1697). Der Ruf des *Roten Löwen,* bei Reuter der *Güldene Maulaffe,* hatte für Jahrzehnte gelitten.

»Wer zuerst kommt, mahlt zuerst«

Leipzig – ein Zentrum der Kaffeemühlenproduktion im 18. Jahrhundert?

Das deutsche Bürgertum spielt seine »höchst revolutionäre Rolle«, später zwar als in England oder Frankreich, aber mit demselben Doppeltrumpf, der im Mittelalter völlig unbekannt war: Dem bürgerlich-nüchternen Nützlichkeitsweltbild entsprechend trank es immer weniger Alkohol und ersetzte diesen ab Ende des 17. Jahrhunderts sukzessive durch das neue Getränk Kaffee (oder Tee). Und es nahm sich »keine Zeit« mehr. Zeit ist Geld, lautete später die Devise. Im Kaffeezusammenhang ganz konkret: Wer zuerst kommt, mahlt zuerst. Um 1700 ist das Modegetränk Kaffee in Leipzig im wahrsten Sinne des Wortes bereits »in aller Munde«. Die ersten Kaffeeschenken waren behördlicherseits 1697 geschlossen, danach wieder aufgemacht worden. Private weibliche Kaffeekränzchen und studentische »Coffee Schmäuse« gehörten um 1715 bereits zum städtischen Alltag. Hinlänglich bekannt sind die Kulturtaten der »Kaffeesachsen«, die diesen Namen als unkriegerische Nation möglicherweise von Friedrich dem Großen im Siebenjährigen Krieg verpaßt bekamen, weil die kursächsische Truppe auf dem Schlachtfeld gar nicht erst erschien, sondern sich gleich in die Büsche schlug, um Kaffee zu trinken.

In der Residenzstadt Dresden war 1710 die Erfindung des ersten europäischen Kaffeeporzellans gemacht (später als Meißner Porzellan bezeichnet), in Leipzig errichtete man im Jahr 1720 einen »Kaffeetempel« (*Zum Arabischen Coffe Baum*), und Johann Sebastian Bach sah sich um 1734 veranlaßt, eine Lobeshymne auf das neumodische Getränk zu vertonen (»Kaffee-Kantate«). Bis heute identifizieren sich die Leipziger mit ihrem Nationalgetränk und lassen sich die Bezeichnung »Kaffeesachsen« gern gefallen.

Wo der Rohkaffee allerdings herkam, wer ihn ab wann und in welcher Menge importierte, damit handelte, eventuell kleingewerblich röstete und verkaufte, ist für die ersten Jahrzehnte des Kaffeegenusses in Leipzig (vermutlich ab 1680) bisher nicht erforscht worden.

Wer zuerst kommt, mahlt zuerst: Das zumindest muß das Leipziger Klipper (Klempner)- und Zeugschmiede-Handwerk schnell begriffen haben, denn bereits um 1700 wurden in Leipzig hergestellte Kaffeemühlen exportiert. Eine neue Erfindung war im Prinzip nicht nötig, da man Gewürzmühlen kannte, die den neuen Bedürfnissen angepaßt wurden, was in London und Paris vermutlich bereits ähnlich geschehen war. »Caffe-Mühle, Ist ein von Holtz verfertigtes Instrument, von oben mit eine Leyer und der darzu gehörigen Schraube, von unten aber mit einem Fach und Schubekästlein (worein der klein gemahlene Caffe fällt) versehen, worinnen die gerösteten und gebrandten Caffe-Bohnen klein gerieben und klar zermalmet werden«, lautete die Beschreibung einer Leipziger Kaffeemühle im Jahr 1715 (Amaranthes, »Frauenzimmer Lexicon«). Ein Leipziger Bürger, der um 1750 in erster Linie nicht vom Kaffeemühlenhandel lebte, aber damit ein sehr einträgliches Nebengewerbe betrieb, war zum Beispiel der bekannte Maler und Kupferstecher Paul Christian Zink (Zingg).

Die Quellen für den Tatbestand, daß Leipzigs wirtschaftliche Zutat zum Ruf der »Kaffeesachsen« der Exportschlager Kaffeemühle war – zumindest in der ersten Hälfte des 18. Jahrhunderts –, sind im Detail zukünftig freizulegen. Zitiert sei an dieser Stelle nur das Resümee von 1784: »Die beweglichen Kaffeemühlen werden unter anderen in Nürnberg und Leipzig so compendiös verfertigt, daß man sie bequem in die Tasche stecken, und auf Reisen und sonst überall bey sich tragen kann.« Ab der zweiten Hälfte des 18. Jahrhunderts hatte unter

Monolog einer sächsischen Hausfrau: »Mei Kott! Wie kann nur mei Mann einen Menschen einladen, der vier Stückchen Zucker zu einer Tasse Caffe nimmt!!!« (Lithographie, 1850).

den deutschen Kaffeemühlenherstellern vermutlich Nürnberg die Nase vorn: »Die Kaffeemühle und Kaffeetrommel sind, wo nicht nürnbergische Erfindung, doch daselbst sehr bald nachgemacht worden. Sie werden noch jetzt bey Millionen ausgeführt, und der größte Teil von Deutschland mahlt jetzt (1784) auf nürnberger Mühlen.« (Krünitz, »Oeconomie«)

»Für mein schönes Zimmer brauch ich nur 16 rtl (Reichstaler) zu zahlen – aber dafür muß ich zu Messzeiten allemal ausziehen«, berichtete Jean Paul 1781 von der seit mindestens Mitte des 17. Jahrhunderts üblichen Praxis der Leipziger Haus- und Wohnungsbesitzer, zweimal im Jahr alle Studenten oder sonstigen Dauermieter, wenn nur irgendwie möglich, aus ihren Zimmern oder von ihren Schlafstellen zu vertreiben, um diese gegen lukrative Mieten an Messegäste zu vermieten. Dieser »Auszug« war nicht nur Gewohnheitsrecht (Semesterpausen an der Universität richteten sich zum Beispiel nach den Messeterminen), sondern bis 1990 auch häufig Bestandteil von Untermietverträgen. Mehrfach versuchte die Stadt, die Messegäste vor Übervorteilung durch gewinnsüchtige Wohnungs- und Gasthofsbesitzer zu schützen. Damit alle Einheimischen – der private Vermieter und die Steuerbehörden – aber trotzdem etwas von dem regelmäßigen Fremdenansturm hatten, wurde der »Messezuschlag« erfunden, der während der Dauer der Messe auf Zimmerpreise, Speisen und Getränke gelegt wurde – im Durchschnitt war zur Oster- und Michaelismesse, in unserem Jahrhundert Frühjahrs- und Herbstmesse, alles (von der Tasse Kaffee bis zu den Straßen- oder Edelhuren) über ein Drittel (bisweilen über 100 Prozent) teurer als sonst.

»IN DER BADEWANNE SCHLAFEN WIR SELBER«

Messelast und Messelust

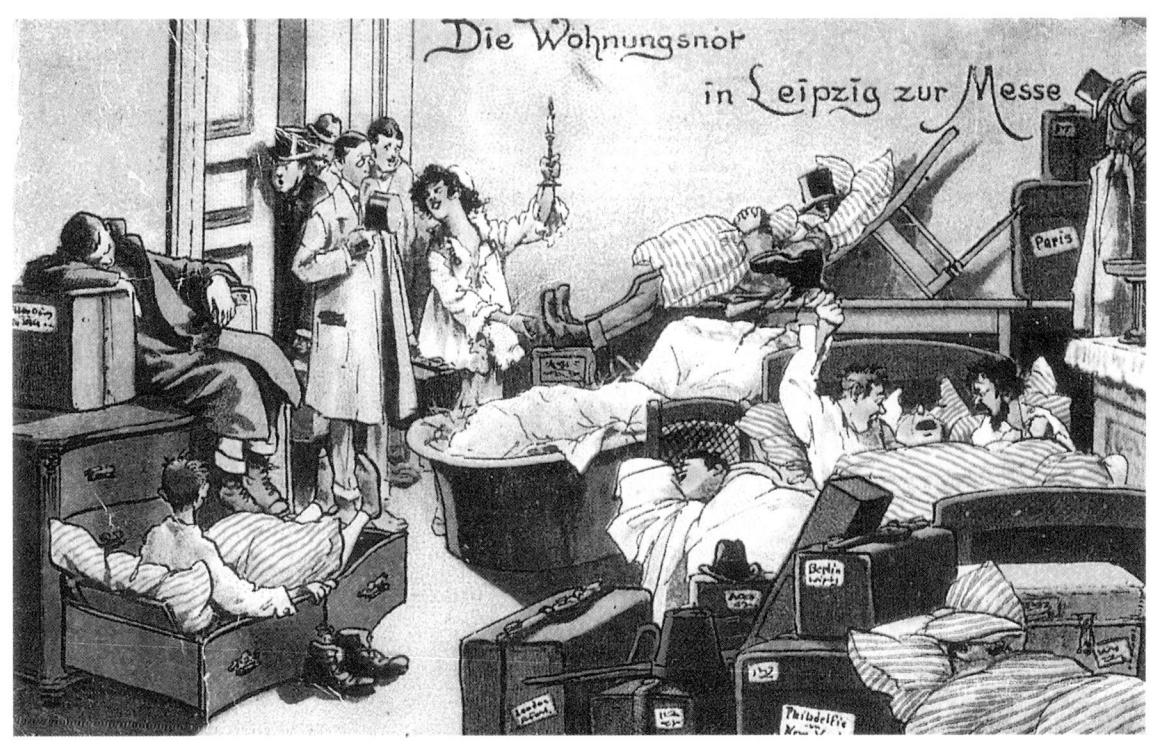

Die Badewanne ist noch frei (Postkarte, 1910).

Freiluft-Vergnügen für Jeder-Mann-und-Frau auf dem Scherbelberg (Postkarte, um 1925).

VERGNÜGUNGSSUCHT

Vom *Tivoli* zur *Bimbo Town*

Dem Einfallsreichtum der Leipziger Bevölkerung, vom »Messekuchen« etwas abzubekommen, waren keine Grenzen gesetzt. Ganze Familien zogen aufs Land oder in die Gartenlaube, um ihre Stadtwohnungen zu vermieten: Im Dachboden wurden Hängematten aufgespannt und die Badewanne (so man eine hatte) zur Chaiselongue umfunktioniert.

Die drangvolle Enge bei den Schlafplätzen fand während der Messen ihre passende Ergänzung in der Schaffung von temporären, mobilen Venustempeln: »... so viel niederträchtiges Geschöpfe und verworfene Mädchen jeder Art wirst Du wohl nie antreffen als zur Zeit der Messe in Leipzig. Die meisten derselben kommen aus unserem lieben Berlin, aus Dresden, Frankfurt, Dessau, Halle, Jena. Abends wimmelt's auf den Straßen von diesen Freudennymphen... [man] meldet sich auf dem Markt bei den Wächtern der Buden, diese öffnen die Tür der Butike, man schlupft hinein, und der Kampf der Liebe beginnt. Weit bequemer kann man sich Lage und Stellung vor dem Peterstor machen, wo eine Reihe von Kutschen und niedlichen Wiener Chaisen dasteht, welche die Stellmacher den Tag über zum Verkauf ausbieten... an welche man angeht und sich dann zu seinem Minnespiel für zween Groschen den besten und weichgepolstertsten Wagen aussehen kann... und ungescheut der Vorübergehenden wackelt die verschwiegene Kutsche, in welcher eben zwei in einem Fleiße sind.« (»Leipzig im Taumel«, 1799). Daß Leipzig während der Messetage »einem einzigen Puff« (1910) geglichen haben soll, war die übertriebene Zusammenfassung eines Berichterstatters, der das Messegewühl und den offen zutage tretenden einschlägigen »Nahverkehr« wohl erstmals erlebte. Tatsache aber scheint unzweifelhaft gewesen: Das sittenpolizeiliche Auge der Obrigkeit wurde während der Messewochen in Leipzig – daran änderte sich auch zwischen 1933 und 1989 unter den Diktaturen (national)sozialistischer Prägung nichts – mehr schläfrig geschlossen denn aufgerissen.

»... denn beinahe nirgends, wo ich noch gewesen bin, habe ich eine so rasende Begierde nach Vergnügungen und ein so großes Bestreben, sich alles zum Vergnügen zu machen, gefunden als in Leipzig... der unbedeutendste Gegenstand gibt dann Gelegenheit, daß gefressen, gesoffen, getanzt und geschwelgt wird«, berichtete Detlef Prasch im Jahr 1787, als er den politischen und moralischen Zustand der Stadt untersuchte. Obwohl streng reglementiert – noch im 19. Jahrhundert bedurfte es für die Abhaltung von Maskenbällen einer königlichen Unterschrift! –, war die ständige »Welthereinnahme«, die die Messe mit ihren Novitäten und kuriosen Attraktionen bot, Grund der ab dem 18. Jahrhundert vielfach beschriebenen Vergnügungssucht der Leipziger Bevölkerung, die sich in Frequenz und Anspruch (gleichzeitig volkstümlich und weltoffen) deutlich von der in der Residenzstadt Dresden unterschieden haben soll. Kein Wunder: Seit dem 16. Jahrhundert war das internationale Schausteller- und Unterhaltungsgewerbe (vom namenlosen mittelalterlichen Seiltänzer über Unterwasserkünstler – Luftanhalten oder Kampf mit Alligatoren – bis zu den Stars der Varietébranche nach 1900) wie selbstverständlich saisonweise zu Gast. Für den Rest des Jahres eröffnete man in der Provinzstadt Leipzig – deren Bürgerschaft sich schon im 18. Jahrhundert ein eigenes Konzertensemble (Gewandhaus) leistete – seit Mitte des 19. Jahrhunderts einen

Dauervergnügungstempel nach dem anderen (vom biedermeierlichen *Tivoli* bis zum megastädtischen *Krystallpalast).* Indische Tempeltänzerinnen oder kaum verhüllte Haremsdamen hatte man hier schon lange auf Kleinkunstbühnen gesehen, als Josephine Baker die Welt eroberte.

»Josephine Baker in Leipzig! Krach in Berlin, vorher Skandal in Wien, auch in Skandinavien soll die Entrüstung gebrodelt haben, und nun hat Leipzig, als erste Stadt der reichsdeutschen Provinz, das Vergnügen, Josephine Baker zu sehen. Und siehe da, wir Sachsen sind doch bessere Menschen! Es fällt uns nicht ein, uns zu entrüsten. Im Gegenteil, man überschüttet die Baker mit Freundlichkeiten. Man geriet zwar nicht in snobistische Ekstase, die der Baker einen Thron errichtet hat, aber man war, und mit Recht, dankbar, diesen Farbfleck der europäischen Kultur kennenzulernen. Sie ist das reizvolle Pigment, die exotische Komplementärfarbe einer allzuweißen Zivilisation«, stand in der Neuen Leipziger Zeitung (17.1.1929), nachdem die Baker im *Krystallpalast* aufgetreten war.

Daß in der nach wie vor kleinen Urbanität von Leipzig (knapp eine halbe Million Einwohner) derzeit ein neues *Krystallpalast Varieté* (Magazingasse) entsteht oder daß nicht ein oder zwei, sondern sieben politisch-satirische Kabaretts und Varietébühnen ihr tägliches Abendpublikum finden, ist sowohl dem Zensurwegfall nach 1990, in hohem Maße aber auch der traditionell angestammten »Vergnügungssucht« des einheimischen Publikums zu danken – kurzweilig, amüsant, neu und irgendwie anspruchsvoll, aber nicht zu anstrengend für den Kopf allerdings, muß es sein. Daß die Leipziger gegenwärtig in den letzten Winkel fahren, um sich erstaunen zu lassen und »Maulaffen zu halten«, beweist ganz aktuell (1995/96) die mit nichts bisher Dagewesenem zu vergleichende schrille Unterhaltung, die in *Bimbo Town* (Agra-Gelände) geboten wird.

Nur zwei Produkte aus der Leipziger Küche haben überregionalen Bekanntheitsgrad errungen: die »Leipziger Lerche« im 18./19. Jahrhundert und das »Leipziger Allerlei« im 19./20. Jahrhundert. Der Singvogel war von Herbst zu Herbst millionenfach in die Netze gegangen, gerupft, gebraten, geräuchert und schockweise (je 60 Stück) in alle europäischen Erdteile exportiert worden, bis sein Fang 1876 verboten wurde. Zur Michaelismesse zog es nicht nur etliche Feinschmecker zusätzlich in die Stadt, sondern das Leipziger Steuersäckel hatte auch gehörige Nebeneinnahmen, denn auf jedes Schock Lerche wurden um 1730 zwei Groschen erhoben, was sich letztlich summa summarum alljährlich auf einige tausend Taler addierte. Kein Wunder, daß der sächsische Staat das Lerchenfangverbot ziemlich lange hinauszögerte: »Denn es ist gewiß, daß zum wenigsten der dritte Theil der Vögel in Papier gewickelt und in Schachteln eingepackt, an weit entfernte Plätze versandt zu werden pflegt. In Prag, Wien, Liegnitz, Breßlau, Frankfurt und Nürnberg, in Augsburg und Ulm, Wolfenbüttel, Braunschweig... Coppenhagen und Amsterdam werden um diese Zeit Leipziger Lerchen gegessen: und man kann sich leicht denken, was nur durch diese Kleinigkeit vor fremdes Geld nach Sachsen gezogen, auch zum Theil in dem Churfürstlichen Postamte davon eingenommen werden müsse«, rechnete Gottsched schon 1728 aus.

»LEIPZIGER LERCHE« UND »LEIPZIGER ALLERLEI«

Nach verheerenden Hagelschlägen, die die Lerchenbestände um die Mitte des 19. Jahrhunderts stark dezimierten, und aufgrund des daraus resultierenden Fangverbots, schuf das Leipziger Bäckerhandwerk einen Ersatz. Die »Leipziger Lerche« (Mürbteigtörtchen mit Marzipanfüllung) ist seit Ende des 19. Jahrhunderts kein gebratener Singvogel mehr, sondern ein Gebildgebäck, dessen äußere Form die mit Speckstreifen umwickelte Vogelleiche darstellen soll.

So klar, wie die Lerche vom Wildbret zum gebackenen Törtchen mutierte, so unklar ist die Historie vom »Leipziger Allerlei«, das bis um 1900 in Leipzig ausschließlich »Allerlei« hieß. Erst mit der Aufnahme in diverse Kochbücher scheint es den Herkunftsnamen »Leipziger« dazuerhalten zu haben. Im Jahr 1884 boten die Plagwitzer und Lindenauer Gastwirte von Mitte März bis Ende August »Allerlei« an (»Letztes Allerlei« am 29.8.1884 in den *Drei Linden*), als Beilage waren Zunge und Koteletts durchaus üblich.

Während es eigentlich ein Hauptgericht aus Frischgemüsen (»Allerlei von nur jungen Gemüsen«, Juli 1901, *Eiskeller*) ist, gab und gibt es bis heute doch die erstaunlichsten Zusammensetzungen und Beilagen zum »Leipziger Allerlei«. Um 1870 ist das »vaterländische Pracht-Menü« (Edwin Bormann) eine Gemüseplatte, auf der unbedingt junge Möhren, Kohlrabi, Bohnen, Blumenkohl, Schoten, Spargel, Morcheln und »des Krebses rodhe Leiche« zu liegen haben. Eine »einzig wahre« Leipziger-Allerlei-Saison mit den genannten, gnadenlos ausgesuchten Frischgemüsen, frischen Morcheln und soeben gefangenen Flußkrebsen hat es nie gegeben, da die kompletten einheimischen Zutaten tatsächlich zu verschiedenen Zeiten »erntefrisch« waren: Gab es von März bis Mitte Mai die Morcheln und vielleicht auch die ersten Gemüse, so bestand bis Ende Mai Krebs-Schonzeit (Verordnung vom 28.10.1878, Dauer: 1.11.–31.5.), d.h. Fang, Verkauf und Handel von Flußkrebsen war in dieser Zeit verboten. Im Juni gab es dann die schönsten Krebse, aber da war es mit den wirklich frischen Morcheln bereits vorbei. Da es bereits um 1900 »Winter-Allerlei« aus der Konserve oder Anleitungen gab, wie man aus fabrikgetrockneten Gemüsen ein »Leipziger Allerlei« zaubern kann – ganz zu schweigen von der zu Tode gekochten Sättigungsbeilage, die zu DDR-Zeiten als »Leipziger Allerlei« in Werkskantinen und Mensen auf »Plasteteller« gekleckst wurde –, scheint der Anspruch an das »echte Leipziger Allerlei« letztendlich jedem selber überlassen.

KEIN PROBLEM MIT 100.000 GÄSTEN
Erfahrung aus Tradition

Was heute Fast food (schnelles Essen), Catering-Service (Transport fertig zubereiteter Speisen vom Produktions- zum Verzehrort), Großküchenversorgung oder Kiosk-Restaurant heißt, hat in der Messestadt Leipzig eine wesentlich ältere Tradition, als man gemeinhin vermuten könnte. Schon seit dem 16. Jahrhundert sind diese Serviceleistungen, die sich mit der Etablierung als Messeplatz sukzessive herausbildeten, bekannt. Nicht nur der ambulante Handel, sondern auch Fleischer, Bäcker und Gastwirte beteiligten sich an diesem Geschäft und betrieben es im Laufe der Zeit so effizient, daß kein Fremder in der Stadt – auf welche Weise auch immer gastgewerblicher Mobilismus dafür sorgte – auf Essen oder Trinken verzichten mußte.

Speisekarte von »Simmers Weinrestaurant« auf der Thüringisch-Sächsischen Gewerbeausstellung (1897).

Nagelproben für gastronomische Massenversorgung waren nicht nur die Messetage, sondern auch die um 1900 stattfindenden Feste, wie zum Beispiel das 8. Deutsche Bundesschießen im Jahr 1884: Auf dem Festplatz wurden an drei Tagen 500.000 Besucher gastronomisch versorgt – die meisten dürften wenigstens Bier getrunken haben –; welch eine Einnahme für die städtische Biersteuer! Auf der Thüringisch-Sächsischen Gewerbeausstellung – auf der 1897 mehrere mustergastronomische Betriebe aufgebaut waren – gingen sage und schreibe 10 Millionen Glas Bier (0,3 l) über die Tresen und wurden 786.000 Paar Würstchen verkauft!

»Zu Gast im alten Leipzig« zu sein – das ist ein vielschichtiges, bis heute nahezu unbearbeitetes kulturgeschichtliches Thema, das hier nicht einmal in Ansätzen nachgezeichnet werden kann. Nicht nur der in der Universitätsbibliothek gehütete Schatz des handgeschriebenen »Liber culinarius« (16. Jahrhundert) harrt seiner Hebung, die städtischen Speiseanstalten, die ausländischen Gastwirte oder die jüdischen Restaurants (1920 lebten 15.000 Juden in der Stadt) verdienten dringend, ausführlich gewürdigt zu werden.

»Zu Gast im alten Leipzig« zu sein bedeutet außerdem ganz aktuell und gegenwärtig, »zu Gast im neuen Leipzig« zu sein: Denn Dutzende der alten Gastgewerbebetriebe sind, zumindest in ihrem äußeren Gewand, aufgrund geringerer Kriegszerstörungen und nachfolgend unterlassener Bau- und Rekonstruktionsmaßnahmen zwischen 1945 und 1990 in zumeist traurigem Zustand – aber immerhin – erhalten geblieben. Die zunehmende Akzeptanz von historisch Gewachsenem als unverzichtbarem kulturbildendem Identifikationsfaktor stadtbürgerlichen Selbstbewußtseins und Selbstverständnisses ließen innerhalb der letzten fünf Jahre bereits einige der traditionellen Gastbetriebe wie Phönix aus der Asche wieder mit gastgewerblicher Nutzung im Stadtbild erscheinen. Einige allerdings haben auch Eigentumsansprüche oder Marktwirtschaft nicht überlebt – sie werden (z.B. das traditionelle *Café Corso*) vermißt. An neueröffnete »alte« Betriebe werden im öffentlichen Bewußtsein strenge Maßstäbe angelegt – sind sie es oder sind sie es nicht, lautet die Frage, die sich im April 1996 zum Beispiel der *Thüringer Hof* gefallen lassen mußte. Der Grund dafür ist weder in Nostalgie noch restaurativen Sinngebungen zu suchen – die Leipziger Bürgerschaft, deren Gastwirte und Gästeklientel besinnen sich damit auf nichts anderes als auf sich selbst und eine der wichtigsten Lebensfunktionen ihrer Stadt, denn der Verlust oder das Wiedererstehen eines gastgewerblichen Betriebes wird in Leipzig – mehr als anderswo – nicht als Privatsache, sondern als öffentliche Angelegenheit betrachtet.

Riebeck – ehemals Leipzigs größter Brauereikonzern, heute Leipziger Brauhaus zu Reudnitz (Werbegrafik, um 1910).

Leipzigs gastliche Stätten: Die Lokalitäten

BURGKELLER

Naschmarkt 1-3

Ob ein im 15. Jahrhundert (ab 1419) mehrfach erwähnter Namensvetter »Burgkeller« sich hier, am Markt (Alte Waage) oder noch anderenorts befand, ist bis heute nicht untersucht, wurde aber 1934 zum feucht-fröhlichen Anlaß genommen, ein 475jähriges *Burgkeller*-Jubelfest am Naschmarkt zu veranstalten.

Bescheidener bei solcherart Reputationserhöhung war der Gastwirt Carl Böttger, der als Betreiber im Jahr 1888 nicht auf irgendein methusalemisches Gründungsjahr zurückgriff, sondern schlicht von einem 25jährigen Jubiläum sprach, als er seine *Burgkeller*-Festschrift erscheinen ließ.

Unabhängig von diesen wie auch immer zurückgerechneten Schankjubiläen ist der *Burgkeller* trotzdem neben *Auerbachs Keller* der älteste gewerbliche Ausschank in Leipzig, der von 1572 bis 1991 seinen traditionellen

Namen behielt – auch wenn hier nie eine Burg stand, im Laufe der Jahrhunderte die Kellervorsteher beziehungsweise Pächter dutzendfach wechselten und je nach wirtschaftlicher Lage an gleicher Stelle das Haus und die Kellergewölbe um-, aus- oder neugebaut wurden. Die *Burgkeller*-Existenz jedenfalls ist vom baugeschichtlichen Standpunkt her in drei große Lebensphasen zu gliedern: 1572–1861, 1861–1907, 1909–1991.

Nachdem in der rasanten Bauzeit von sechs Monaten das prächtige (Alte) Rathaus fertiggestellt war (1556), für das merkwürdigerweise der Bürgermeister Hieronymus Lotter keinen eigenen Ratskeller vorsah, wurde gleich daneben ebenfalls als Neubau »der Burgkkeller sambt den Thurm daran / die Trinck-Stube / die beyden Garküchen / die Brodt-Bänke / das Schuh- und Peltz-Hauß gebauet und dazu am 23. July (1572) der Anfang gemachet«.

Schon um 1600 wurden hier in geräumiger Stube »das gantze Jahr hindurch sowohl Frembde als Einheimische ums Geld nach Belieben gespeiset«.

Der Komplex mit Stadtküchen, Brotverkaufsständen und Gaststuben entwickelte sich im 17. Jahrhundert zur wichtigsten Versorgungs- und Imbißzentrale innerhalb der Stadtmauern, wobei der Burgkeller sich zuerst nur im Keller, später zusätzlich auch im Erdgeschoß befand.

Nachdem der *Burgkeller* 1861 von der Dresdner Waldschlößchenbrauerei erweitert und umgebaut worden war, eröffnete ihn Friedrich August Trietschler im September 1861 wieder. Daß man bei ihm vor über einhundert Jahren ähnliche Gerichte aß wie heute, zeigt die Speisekarte des Eröffnungsmonats (Preise in Neugroschen):

Bouillon	1
Karpfen polnisch	5
Karpfen blau	5
Rostbeef	5
Beefsteaks von Lende	5
Boeuf à la Mode	5
Kotelettes	5
Wiener Schnitzel	5
Rebhuhn mit Weinkraut	6
Hasenbraten	6
Rehrücken	7,5
Rehkeule	6
Gänsebraten	6
Kalbsnierenbraten	5
Reis-Pudding mit Fruchtsauce	5

Restaurant »Burgkeller« im Keller (um 1890).

Nach Abbruch des gesamten Gevierts (1907) feierte der *Burgkeller* seine Wiedergeburt im neuerbauten Messehaus Handelshof 1909 als moderne Großgaststätte mit einem Café im Hochparterre und Gasträumen in Souterrain und Keller. Noch darunter befanden sich die weitläufigen Lager- und Versandkeller der renommierten Weinhandlung Fertsch & Simon: »Viele Hunderttausend volle Flaschen haben sich in stiller Zurückgezogenheit hier zusammengefunden und harren darauf, bei fröhlicher Auferstehung Freudenspender für die Menschheit zu werden«, hieß es 1913 nach dem Besuch des sächsischen Königs Friedrich August, dem der nobelste Trunk des Kellers (ein 1900er Rubbertsberger Gaisböhl Ausbruch) offeriert worden war.

Zu DDR-Zeiten war der *Burgkeller* als Restaurant eine überdurchschnittliche Adresse, und seine Cocktailbar im Keller, *Cockpit* genannt, genoß in den sechziger bis achtziger Jahren nach 23.00 Uhr als Treffpunkt schräger Vögel jeglicher Couleur und sonstiger Nachtbummler besondere Anziehungskraft.

Seit 1991 trägt der *Burgkeller* den Namen des neuen Betreibers *Mövenpick*. Den Keller

umzutaufen ist vordem nur ein einziges Mal versucht worden (1909–1913 Restaurant *Handelshof*) – reumütig kehrte man ab 1914 zum alten Namen zurück.

Es gibt heute Leipziger, die Wetten darauf abschließen, wann der *Burgkeller* offiziell wieder so heißt wie seit über 400 Jahren üblich.

Café »Burgkeller« im Erdgeschoß (1912).

Das berühmte Faß (um 1905).

AUERBACHS KELLER

Grimmaische Straße 2 / Mädlerpassage

»Anfänglich ließ man Häuser zum Bedürfnis, danach zur Bequemlichkeit, in Folge zum Nutzen und endlich zur Ergötzlichkeit bauen«, pinselte um 1535 in schönen lateinischen Lettern ein Maler auf Wunsch des gelehrten Bauherrn, der nicht nur mit Weinhandel enorm Geld verdiente, sondern auch mit Pirckheimer, Luther oder Erasmus Briefe wechselte, an eine Wand.

Ein Teil der mehretagigen Weinkeller war schon seit 1438 da, als 1530–38 der Neubau von Auerbachs Hof mit fast 100 Messegewölben, mit Kammern, Logierzimmern, Prunksälen und Pferdeställen darüber errichtet wurde, der sehr bald »von Welschen, Franzosen, Niederländern, Nürnbergern, Augspurgern und andern Handelsleuten dermaßen besetzet« und »mit großem herrlichen Gut und vielen Waaren, so reichlich versehen« ist, daß es um 1600 für den Leipziger Gelehrten Friedrich Taubmann keine Frage bedeutete: »Wer nach Leipzig die Messe zu sehen gereiset und nicht in Auerbachs Hof kommen ist, der darf nicht sagen, daß er in Leipzig gewesen sei.«

Der Bauherr – Heinrich Stromer aus Auerbach/Vogtland (1478–1542), Doktor der Medizin und Philosophie, hochdotierter Leibarzt diverser fürstlicher Persönlichkeiten und seit 1519 im Besitz des Grundstückes – hatte eine Leipzigerin aus alter, vermögender Familie geheiratet, weil sie, wie er schreibt, »die Sparsamkeit, diese große Einnahmequelle, liebt«.

Der Ergötzlichkeit dienten in dem verschachtelten Hofkomplex vor allem die unterirdischen Weinkeller (die größten im damaligen Deutschland), deren Verwalter und Betreiber gute und schlechte Zeiten sahen.

Im Jahr 1578, als oben Gold- und Silberschmuck und allerfeinstes Tuch die Besitzer wechselten, soll unten der grobe Arno so habgierig gewirtschaftet haben, daß sich fast kein Gast mehr hierher verirrte. Nur drei – sie alle hatten ein Auge auf Arnos liebreizendes Töchterchen geworfen – hielten es noch bei ihm aus.

Einer der drei, Runge war sein Name, unterhielt sich eines Tages mit dem Kunstmaler Schieritz über die heruntergekommene Gastwirtschaft, aus der bekanntermaßen im Jahr 1525 Dr. Faust auf einem Faß herausgeritten sein soll. Sie beide überredeten den Wirt, die berühmte Geschichte für die Gaststube malen zu lassen. »Bald darauf gediehe Auerbachs Keller aber zu neuem Glanze, und dieweil Arno durch Runges Bemühen wieder zu Ansehn kam, hat er ihm auch ohne Zaudern sein Töchterchen Mechtildis zum Weibe gegeben … Solches geschah 1578«, berichtet die erste Wirtslegende aus *Auerbachs Keller*.

Kellereingang in Auerbachs Hof (um 1905).

Betrunkene Studenten (links) und Faust und Mephisto (rechts) am Kellereingang nach dem Neubau von 1911 (1930).

Der junge Goethe ist tief beeindruckt, viele Jahre später wird er ein Drama schreiben, in das er *Auerbachs Keller* als einzigen real existierenden Handlungsort aufnimmt – was ihm logischerweise wiederum Jahre später (obwohl bei Goethe keiner auf einem Faß reitet oder gar Gretchen in *Auerbachs Keller* mit von der Partie gewesen wäre) von den jeweiligen lokal-patriotischen Betreibern gedankt wird: Kellerwirt H. Schultze fängt im Zuge einer Erneuerung an, den oberen Keller 1850 mit sechs Goetheschen Faust-Szenen ausmalen zu lassen (Entwurf Georg Zachariä, Ausführung Dekorationsmaler Heinrich Bey). 1867 wird der Faßkeller ausgeziert, und 1890 kommen noch einmal vier Gemälde von Heinrich Bey hinzu.

Mißtrauisch blickte Leipzig 1911 auf den Abbruch von Auerbachs Hof und auf das, was da kommen sollte: Der Kofferfabrikant und Kommerzienrat Anton Mädler, der 1911 als Neubesitzer von Hof und Keller alles abreißen (und durch die Mädlerpassage ersetzen) läßt, hält sich 1912/13 im rekonstruierten und erweiterten *Auerbachs Keller* ans historische Ambiente, indem er altes Kunstgut übernimmt und neues hinzufügen läßt. Die beteiligten Künstler sind u.a. Ludwig von Hofmann und Hans Best. Und als Draufgabe zusätzlich: Ein riesiger Hängeleuchter aus bunt bemaltem Holz u.a. mit Faust auf dem Faß (Arbeit von Max Stolz, 1913) wird ans Tonnengewölbe befestigt. Und damit man auch gleich in der damaligen (und heute wiederum) noblen Passage weiß, wo es langgeht, stehen zwei überlebensgroße Plastikgruppen (Arbeiten von Mathieu Molitor, 1913) links und rechts an den Kellertreppeneingängen. Rechts: Zwei Studenten halten den dritten, sehr erbosten Kommilitonen fest, der mit geballter Faust auf Fausten loszugehen scheint. Links: Der Hinkefuß reckt einen Arm in die Ferne und weist auf neue, attraktivere Genüsse als die Kannibalisch-wohl-500-Säue-Party in *Auerbachs Keller*, die den überstudierten Dr.

Wann und in wessen Auftrag die ersten zwei Faust-Memorialbilder tatsächlich entstanden sein mögen – um 1625 mit der Urheberschaft von Andreas Bretschneider zum 100. Jahrestag des fabelhaften Ausrittes ist ebenso wahrscheinlich –, klar ist jedenfalls, welch werbender Effekt bereits damals mit prominenten Gästen – und wenn es auch der Teufel wär' – gezielt eingeplant wurde. Kein Nachbesitzer des Grundstücks (von Kühleweins über die gräflichen Familien von Lindenau und Veltheim bis hin zum Kofferkönig Mädler und kurzzeitig dem Nur-hereinspaziert-wenn's-ein-Dr.Schneider-ist) oder Pächter des Kellers (darunter der Italiener Dominico di Pietro Mainone 1799–1816) unternahm je den Versuch, *Auerbachs Keller* umzutaufen. Wohl aber waren alle Besitzer und Kellermeister – und zwar voller Respekt (man kann ja nie wissen!) – nachhaltig bemüht, ihre etwas unheimliche Hauslegende zu pflegen. Wer hat schon

einen »Schwartzkünstler« oder den Leibhaftigen selbst als gewesenen prominenten Gast aufzuweisen?

Als der sechzehnjährige Goethe 1765 nach Leipzig kam, haftete den verzweigten Kellergängen schon mehr als 200 Jahre der unheimlich-schauerliche Ruf des Faustschen Faßausrittes an. Zum Beweis der Wahrheit wurden ihm bei einem Gläschen Wein vom Kellermeister – eine öffentliche Gaststube ist *Auerbachs Keller* um diese Zeit übrigens nicht – die zwei Bilder gezeigt, wo die längst vergangenen Ereignisse malerisch und mahnend festgehalten sind:

»Doctor Favstvs zv dieser Frist avs Averbachs Keller geritten ist, avf einen Fasz mit Wein geschwind, welches gesehen viel Mutter Kind. Solches dvrch seine svbtilne Kvnst hat gethan vnd des Tevels Lohn empfangen davon. 1525«

Goethezimmer in »Auerbachs Keller« (um 1912).

Faust – der grüblerisch-sinnend zu Boden blickt – nicht eben glänzend amüsiert hatte. All dies und noch mehr ist bis heute in *Auerbachs Keller* zu sehen.

Die 550jährige Historie des Hauses sieht in bunter Abfolge Besitzer, Pächter und Gäste, deren Namen nicht aufzuzählen sind. Bis Anfang des 19. Jahrhunderts wurde hier nur Wein (und Sekt) ausgeschenkt – Bier kam erst ab etwa 1830 sehr zögerlich hinzu (erst ab 1914 deutsches Bier). Auf der Getränkekarte von 1854 stehen insgesamt 40 zum Teil hochbetagte Weinjahrgänge (Rhein, Pfalz, Mosel, Bordeaux, Burgund, Ungarn) und exzellente Dessertweine (der älteste und teuerste ein Malvoisir von 1718) und nur vier andere Flüssigkeiten: Selterswasser, Sodawasser und zwei englische Biere (Porter und Ale). Ein Saale-Unstrut oder Elbwein – die heutigen Renner – sind damals nicht mit von der Partie, wohl waren sie es aber in den Anfängen der Kellerwirtschaft gewesen, denn bei Dr. Stromer von Auerbach gab es 1530 wie selbstverständlich »Jenensischen Wein«.

26

Blick von den Rathausarkaden zum marktseitigen Eingang von »Baarmann« (um 1925).

BAARMANN

Markt 6 / Katharinenstraße 3

Im Jahr 1866 erwirbt der aus Preußen stammende Gastwirt Eduard Baarmann das Hofgrundstück Katharinenstraße 3 und zieht mit seiner Familie in den zweiten Stock ein. Schon seit 1856 betrieb er wenige Häuser weiter die *Bayrische Bierstube* (Katharinenstraße 15).

1869 läßt er durch Umbau (Architekt Constantin Lipsius) in seinem Haus eine »vornehme und gediegene« Gaststätte entstehen, die am Silvesterabend 1869/70 eröffnet wird.

Im März 1877 kauft Baarmann das angrenzende Grundstück mit dem Haus Markt 6 (in dem einst Seume im »Türmchen« wohnte), um sich die Möglichkeit der Erweiterung des Gastbetriebes offenzuhalten, vor allem aber auch, um einen würdig-repräsentativen Eingang vom Markt her zu haben, der nicht zugleich Wirtschaftseingang ist. Die architektonisch schwierige Aufgabe, die zwei Haus- und Hofkomplexe miteinander zu verbinden (Fassadenerhaltung, Grundrisse, Höhenunterschiede), löst wiederum Constantin Lipsius: 1879/80 ist er verantwortlich für den Abbruch zweier Hofgebäude und Neuerrichtung eines Hintergebäudes mit Rotunde und Glasüberdachung, wo sich die stark frequentierten Galeríume befinden. Bis Mitte der zwanziger Jahre, mittlerweile offiziell *Eduard Baarmanns Nachf.*, gehört das Restaurant zu den beliebtesten der Innenstadt – über Jahrzehnte geführt von der Familien-GmbH Eckhardt. Den attraktiven Namen nimmt der Besitzer 1930 mit, als er nach Verkauf der Grundstücke an die seit mindestens 1920 eingezogenen neuen Mieter (Banken) im gleichen Jahr ein neues *Baarmanns Restaurant* (Schloßgasse 24) eröffnete.

Als dieses während der Luftangriffe in Schutt und Asche sinkt, dauerte es vier Jahre, bis der letzte Betreiber von der Schloßgasse (ab 1937 Richard Hartmann) noch einmal einen Versuch startet: *Baarmanns Restaurant* (Mozartstraße 1, ehemals *Weinstube Wilde*) wird am 15. Oktober 1949 aufgemacht und existiert bis Ende der fünfziger Jahre unter diesem Namen.

»Aeckerleins Keller« (1897).

AECKERLEINS KELLER

Markt 11 / Klostergasse 12

Wie hypnotisiert starren die Leipziger seit der Wiedervereinigung in jede Baugrube – und davon gibt es derzeit reichlich Auswahl –, in denen kurzzeitig Archäologen arbeiten und die erstaunlichsten Stadtgeheimnisse freilegen. So treten auch im Frühjahr 1996 die unterirdischen Reste von *Aeckerleins Keller* ans Tageslicht und geben einen historischen Einblick, der nie zuvor möglich war und auch nie wiederkehren wird.

Im schönsten Neubau am Markt (1708/14, Architekt Gregor Fuchs, 1944 ausgebrannt) befindet sich seit 1710 im Souterrain Leipzigs erster *Italienischer Keller*: Ein Verkaufslokal für Produkte aller Art aus dem sonnigen Süden – wir würden es heute als Delikatessengeschäft mit Ausschank und Edel-Imbiß bezeichnen. In den Adreßbüchern des 18. Jahrhunderts

taucht er als *Italienischer Keller* (Goethe erwähnt ihn in »Wilhelm Meister«) oder mit dem Namen des jeweiligen Betreibers als *Weinschenke unter Hohenthals Haus am Markt* (1784) auf. Vermutlich ist er bis Mitte des 18. Jahrhunderts – wie übrigens viele der Leipziger Gastgewerbebetriebe – nur während der Messezeiten geöffnet. Ansonsten lohnte sich das Geschäft nicht.

Im Jahr 1813 pachtet Johann Jakob Aeckerlein für 300 Taler jährlichen Mietzins den Keller nebst der dazugehörigen Küche. Kurios der

Mietkontrakt: Der offenbar sehr geruchsempfindliche Hausbesitzer Graf von Hohenthal verlangt, daß die Fenster der Kellerküche niemals geöffnet werden dürfen, um das Aufsteigen der Kochdämpfe zu verhindern. Im Gegenzug verpflichtet er sich, dafür Sorge zu tragen, daß die Nachttöpfe seiner Familienmitglieder nicht in die Etagenausgüsse entleert werden, damit es unten, wo gekocht wird, nicht zu Latrinengeruche kommt! Von Anfang an wird bei Aeckerlein à la carte gespeist, am 17. Mai 1829 stehen zum Beispiel auf der Karte: Suppe (gratis), Kaviar, Lachs, Forellen, Karpfen blau, Rindszunge (geräuchert) mit Spinat oder jungen Bohnen, Kalbskeule (gespickt) mit Madeirasauce, Kalb, Schöps (also Hammel), Hirsch, Truthahn, Gans und junger Hahn – erstaunlich, daß nichts vom Schwein angeboten wird. Ab 1830, nachdem der rührige Speisewirt Haus und Hof erworben hat, trägt *Aeckerleins Keller* nun fortan auch seinen Namen.

Nach Aeckerleins Tod (1841) wechseln Pächter und Hausbesitzer mehrfach. Trotz aller Verschiedenheiten haben sie doch bis 1944 (Zerstörung des Gebäudes beim Bombenangriff, endgültiger Abbruch 1960) eines gemeinsam: Sie alle vermehren systematisch die hervorragenden Lagerbestände und die Aura des Weinkellers, dessen Namensgeber schon lange auf den Johannisfriedhof umgezogen war. Bis nach Frankreich drang 1870/71 der gute Ruf des Kellers, nachdem die in Leipzig festgesetzten kriegsgefangenen französischen Offiziere, die sich in der Stadt frei bewegen durften, nach Hause zurückgekehrt waren: Abend für Abend hatten sie sich ab September 1870 vom Kellerpächter Simon, den sie »Le Beau« nannten, eine Flasche Champagner nach der anderen öffnen lassen. Ihre Soldaten, darunter etliche Afrikaner, die in der Pleißenburg ausharren mußten, sollen auch ab und zu eine Flasche aus *Aeckerleins Keller* zugesteckt bekommen haben. Der Kochkunst wurde vor allem unter dem Wirtsehepaar Louise und

Wandgemälde in »Aeckerleins Keller«, nach einer Vorlage von Toni Aron (um 1900).

Curt Däweritz (ab 1896) auf hohem Niveau gefrönt, auch wenn das, was manchmal auf den Tisch kam (zum Beispiel im Oktober 1913 der aus dem Zoo ausgebrochene und daraufhin polizeilich erschossene Löwe Abdul) manchem befremdlich anmutete. Viele Geschichten sind in *Aeckerleins Keller* erfunden und als wahr erzählt worden – und wollte man nur die berühmtesten Gäste aufzählen, hätte man Seiten zu füllen: Goethe, Max Klinger, Arthur Nikisch, Puccini, Joachim, Sarasate …

An der Legende »ihres« Weinetablissements wirkten von der biedermeierlichen Goldenen Jugend ab nicht nur Kaufleute, Gesandtschaftsangehörige, Ministerialräte, Universitätsprofessoren, »Gewandhäusler« oder Theaterschauspieler, sondern auch die Wirte mit – selbst der letzte nach 1945 (Bruno Hornig), der bis in die fünfziger Jahre in der Ruine wirtschaftete, trug seinen Teil noch bei. Alle literarischen Nennungen, Erinnerungen oder Lobeshymnen über den Keller zusammenzutragen, würde ein bizarres Memorialbild ergeben, in dem das 1921 von Curt Däweritz selbst herausgegebene amüsant-witzige Buch,

Mietvertrag zwischen dem Hausbesitzer Graf von Hohenthal und dem Gastwirt Johann Jakob Aeckerlein (1813).

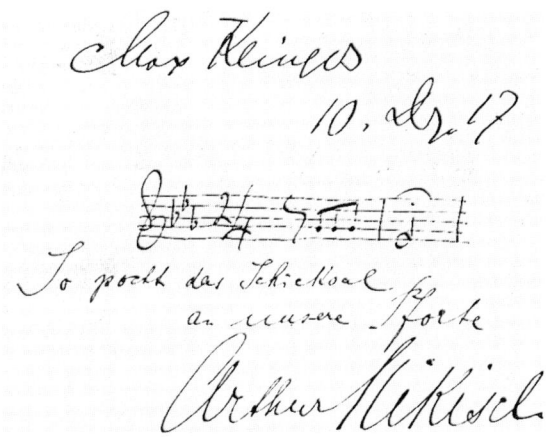

Gästebucheintragungen (1917).

das der »Verherrlichung einer Stätte dionysischer Opfer und kapaunischer Tafelfreuden« gewidmet ist, einen ehrenvollen Platz einnähme.

Nach 1900 geschäftlich eng mit Fertsch & Simon verbunden, die bereits kurz nach ihrer Gründung (1844) den zweiten Keller und einen Verkaufsladen zum Markt hin hatten, ist *Aeckerleins Keller* bis heute als Inbegriff von nobelster Gastlichkeit in der Erinnerung geblieben.

Geplant ist derzeit die Neubebauung des Gevierts. Ob sich ein neuer Aeckerlein am alten Platze findet, wird man im Herbst 1998 wissen.

CAFÉ NATIONAL

Markt 16

Zwar hatte an gleicher Stelle die älteste Kaffeestube Leipzigs bestanden (1696–1718), aus der 1697 einige »liederliche Weibspersonen« mit Schimpf und Schande herausgejagt wurden und in der wenige Jahre später Telemann mit seinem studentischen Collegium musicum aufgetreten war – aber das war lange her und nicht zu vergleichen mit dem, was sich an gleicher Stelle den Leipzigern mit der Eröffnung des *Café National* (1839–1876) hier bot:

Hinter der Gründerfirma G. Soldan & Co. steckten die hochkarätigen Schweizer Unternehmen von Gaudenz Soldan (Sils) und Gian Battista Moeli (Madulain) mit dem als Zuckerbäcker-Direktor eingesetzten Peter Jecklin Schucan aus Zuoz, der, wie die anderen Schweizer Konditoren auch, die Leipziger Leckermäuler bis 1876 (Schließung wegen Abbruch des Hauses) in Scharen anzog.

Im 1877/78 errichteten Neubau (Architekt Bruno Grimm) wurde im ersten Stock wieder ein *Café National* eingerichtet, das wohl nur bis 1913 (Umbau des gesamten Hauses zum Messehaus National) hier existierte.

Der Name allerdings wird gastgewerblich nicht aufgegeben: In den zwanziger Jahren floriert ganz in der Nähe Paul Reichs *Kaffeehaus National* (Salzgäßchen 7).

Im Erdgeschoß des neuerbauten Messehauses National fand man fortan keine Cafés mehr, sondern in ununterbrochener Folge Bier- und Speisegaststätten, die vom *Ulrich Bräu* in den zwanziger Jahren über ein *Markt-Restaurant* in den dreißiger Jahren bis zum *Stadt Kiew* (1963–1991) im nach dem Krieg nochmals neuerbauten Messehaus am Markt reichten.

»Café National« im ersten Stock (1905).

ZILLS TUNNEL

Barfußgäßchen 9

Wie andere gastgewerbliche Berühmtheiten in Leipzig hat auch *Zills Tunnel* mehrere Leben: Ein altes, das bis zu dem Gebäudeabbruch (1. Juni 1887) reicht, und ein neues, das mit der Eröffnung des Neubaus (11. August 1888) beginnt und bis heute anhält.

Das alte in Stichpunkten: Spätestens seit Mitte des 18. Jahrhunderts befindet sich hier eine Kaffeestube, in der zuletzt Leipzigs berüchtigster Kaffeewirt Samuel Schrepfer mittels eines Geisterapparates die Toten auferstehen ließ!

Nachdem sich Schrepfer – eine der schillerndsten Figuren auf dem Gebiet prächtigster Illusionserzeugung, neben der Bürgermeister Romanus oder Dr. Schneider geradezu kümmerlich wirken – sich schulden- und ehrenhalber 1785 im Rosental theatralisch erschossen hatte, wird das *Kaffeehaus Schrepfer* (vormals *Weißleder*) in eine Bierwirtschaft umfunktioniert.

Von 1785 bis 1838 heißt diese *Burkhardts Biertunnel*, ab 1841 nach dem neuen Besitzer *Zills Tunnel*. G. Zill († 1868), der 1841–1863 selbst hinter dem Tresen steht, gelingt es von Anfang an, politisch und kulturell einflußreiche Leipziger Stammtische an sein Haus zu binden, was letztlich dazu führte, daß das Restaurant noch heute seinen Namen trägt. Um 1850/60 fanden sich mit täglicher Regelmäßigkeit Stadträte und Stadtverordnete am runden Mitteltisch ein, an dem »auch zuerst die berühmte Gelbe Suppe der Stadtverordneten abgehalten wurde«.

»Tunnel über der Pleiße« nannte sich ein Stammtisch, an dem über Jahrzehnte der Liederkomponist und Männerchor-Erfinder Friedrich Karl Zöllner († 1880) im Kreis von Rechtsanwälten und Lehrern saß, dabei waren auch die damals hochgeehrten, heute vergesse-

Der alte »Zills Tunnel« vor dem Abbruch (1887).

nen Schriftsteller Adolf Böttger († 1876) und Julius Roderich Benedix († 1873).

1877 übernimmt die Plagwitzer Brauerei C. W. Naumann (gegründet 1828) das Zillsche Restaurant (Pächter Louis Treutler). Das altersschwache Gebäude wird 1887/88 mit einem Kostenaufwand von fast 1 Million Mark komplett neu aufgebaut (Architekten Schmidt & Johlige) und im August 1888 wiedereröffnet.

Um 1900 ist *Zills Tunnel* das Versammlungslokal von mehr als einem Dutzend Vereinen und Handwerksinnungen: Leipziger Bautechniker (seit 1881), Militärverein Jäger und Schützen (seit 1880), Korbmacher, Drechsler,

Töpfer, Juweliere und Goldarbeiter, Tapezierer oder der Gesangverein Terpsichore finden sich regelmäßig ein. Die humorigsten Stammtischnamen lauten in *Zills Tunnel* um 1900 unter anderen »Klapkabrigade«, »Fünferlinge«, »Motten«, »Zillianer« oder »Erleuchtete«. Im Sommer 1904 läßt Treutler renovieren, die oberen Säle werden gänzlich neu ausgestattet. Dies geschieht im Laufe der nächsten 80 Jahre noch mindestens fünfmal, grundlegend im Jahr 1969 (unter volkseigener Regie) und nochmals 1995 unter dem derzeitigen Betreiber. Der Tradition sächsischer Gastlichkeit fühlt man sich hier bis heute stark verbunden. Vielleicht sollte auch die berühmte »Gelbe

Sack / Thomaskloster

Thomaskirchhof 9

Grußkarte aus »Zills Tunnel« (um 1920).

Die kleine Sackgasse am Thomaskirchhof (Hinterausgang vom Kino Capitol) gibt es bis heute. Über die Zeiten hinweg öffneten hin und wieder auch kleine Ausschankstätten. Um 1900 zum Beispiel das kleine Café und Restaurant *Thomaskloster* (Speisewirt W. Schneider). Seinen Namen hatte es vom ursprünglich hier liegenden Wirtschaftshof des Thomasklosters. Die Augustinermönche brauten bekanntermaßen ein gutes Bier. Sie züchteten aber auch auf ihrem Gelände – also mitten in der Stadt – Schweine! Den Bürgern war daher der innerstädtische »Bauernhof« schon lange ein Dorn im Auge – kein Wunder, daß unmittelbar nach Aufhebung des Klosters im Zuge der Reformation mit der geruchsbelästigenden »Schweinerei« ein Ende gemacht wurde. Das Vorwerk wurde abgebrochen, an seiner Stelle entstanden Wohngrundstücke, und nur in Straßennamen (Klostergasse, Barfüßergasse) und Wirtshausnamen blieben die Mönche der Stadt erhalten.

Im Sack – so der Grundstücksname – wird seit dem 18. Jahrhundert nebengewerblich als »bürgerliche Nahrung« hausgebrautes Bier verkauft, ganzjährig zieht die Gastronomie wohl erst Ende des 19. Jahrhunderts ein.

Suppe«, die zur Erleuchtung der Stadtverordneten vor 150 Jahren gekocht wurde, wieder eingeführt werden.

Einladung zum Schlachtfest (um 1880).

Restaurant »Thomaskloster«, heute Hinterausgang des »Capitol«-Kinos; rechts das »Teehaus«, das 1996/97 wiederstehen soll (um 1900).

EIMERTS NEUE WELT

Thomaskirchhof 16

Zur beliebten Bezeichnung in der Erlebnisgastronomie europäischer Großstädte entwickelte sich im 19. Jahrhundert die *Neue Welt*. Wir finden sie für große Vergnügungslokale in Wien genauso wie in Dresden. Die von Herrn Eimert in Leipzig war allerdings ein Winzling im Vergleich zu den genannten.

Eigentlich war sie nichts anderes, als ein volksnah als Stadtgarten dekoriertes Hinterhofambiente mit Musik und nächtlicher Illumination. Rauschende Springbrunnen und meterhohe Panoramalandschaften der Alpen oder Rocky Mountains aus Pappmachè – die man in sonstigen Neuen Welten fand – ließ der neue Betreiber nicht aufbauen, nachdem er den Gastbetrieb vom Vorgänger Leo Knote (1902) übernommen hatte. 1925 trat das *Varieté Oberpollinger* auf, und Ende der zwanziger Jahre befand sich das *Restaurant E. Schumann* in Erdgeschoß und erstem Stock. Bei Schumann verkehrten die Mitgliedern der Gesellschaft zur Pflege der Photographie (Leipziger Amateurfotografen), die im zweiten Stock ihr Atelier hatten.

Eine gänzlich andere »neue Welt« tat sich in dem im Laufe der Zeit schwer heruntergekommenen Barockgebäude auf, nachdem es Anfang der achtziger Jahre auf seinen historischen Gehalt geprüft und für überraschend wertvoll befunden wurde. Als Bosehaus mit Bachgedenkstätte erlebte es 1985 eine glänzende Auferstehung. Wie ein Stern am soziali-

»Eimerts Neue Welt« (um 1910).

stischen Kneipenhimmel ging im Hof gleichzeitig die attraktive Innenstadtkneipe *Pfeffermühle* auf. Als Behausung der »Wir-bleiben-hier«-Unbehausten, die aus Leipzig zwischen 1985 und 1989 nicht zu vergraulen gewesen waren, erwies sich die *Pfeffermühle* als würdiger Nachfolger der längst dahingeschwundenen *Neuen Welt* – und nicht nur des Krostitzer Bieres wegen, das schon um 1900 hier gezapft wurde.

STADT BERLIN

Thomasgasse/ Ecke Klostergasse

Will man den Versuch unternehmen, sich den Ursprung des Leipziger Künstlervereins vor Augen zu führen, so ist man hier am Thomaskirchhof vor dem halbverdeckten Eckgebäude des Garni-Hotels *Stadt Berlin* (neueröffnet 3.11.1853) mit dem im Erdgeschoß schon weit früher bestehenden Bierrestaurant genau richtig (Gebäudekomplex 1943 zerstört, heute Parkstreifen vor Grünfläche).

Schon 18 Jahre vor der endlich geglückten Gründungsversammlung (1858 im *Schützenhaus*) trafen sich ab 1840 (oder 1842) Mitglieder und Freunde des Kunstvereins nach ihren Samstagabendvorträgen (Thomaskirchhof 21) in dem drei Schritte entfernten kleinen Restaurant an der »Ecke des Thomasgäßchens und der Klostergasse«, um »dort bei einem Glas Bier ihre Gedanken auszutauschen«.

Mehr ist an der Stelle – diese Sonnabendkneipe nannten die Stammtischmitglieder übrigens *Lincolnshöhle* – auch nicht daraus geworden.

Nach einem Augenzeugen (Mothes) saßen zum Beispiel im Winter 1844/45 hier neben Advokaten und Kaufleuten (z.B. August Ludwig Mothes und Karl Lampe) arrivierte Bildhauer (Hermann Knaur), Maler (Prof. Moritz Hennig, Friedrich Bauer, Prof. Neher, Jordan) und Architekten (Prof. Geutebrück).

Blick vom Thomaskirchhof auf die Thomasgasse mit »Stadt Berlin« und »Restaurant H. Krenkel« (um 1890).

Gaststube der Weinwirtschaft »Altes Kloster« (um 1930).

Altes Kloster

Klostergasse 5

Auf etwa den Flurstücken, wo sich heute der *Paulaner* befindet (Klostergasse 3/5), stand dereinst das Thomaskloster mit seinem Brauhaus.

Den Namen *Altes Kloster* erhält die Weinstube erst von Rudi Bauer in den zwanziger Jahren – das 1754/55 errichtete Wohngebäude wurde schon länger »das Kloster« (regelmäßig seit 1815) genannt.

Während im Dezember und Januar 1925 nebenan im *Thomasbräu* (Klostergasse 3, vor 1900 *Restauration E. Schulze*, nach 1929 *Paulaner*) nicht nur einfache, sondern Doppel-Schlachtfeste gefeiert werden, ziehen sich die jüdischen Mitbürger, die dort im ersten Stock ihr Club-Lokal *Österreichisches Vaterlandsheim* haben, lieber in das *Alte Kloster* zurück,

um hier in Ruhe ihren Wein zu trinken. Bis in die siebziger Jahre hält das *Alte Kloster* (heute Teil des *Paulaner*) mit seiner Inneneinrichtung, zuletzt als Wildgaststätte von der HO betrieben, so lange durch, bis auch die Abstützbalken nichts mehr nutzen und das Gebäude wegen Baufälligkeit zugesperrt wird. Der hier ausgeschenkte Klosterlikör wurde unverhohlen »Klosettlikör« genannt.

Den Himmel ersetzte in »Himmel und Hölle« eine Scheintür, über der die Sonne lachte. Durchgehen konnte man durch diese Himmelstür nicht, sie war nur an die Wand gemalt (nach einer Zeichnung von C. Schreiber 1914).

HIMMEL UND HÖLLE

Klostergasse 9

Die Einstellung des Hotelbetriebes im altehrwürdigen *Hotel de Saxe* im Jahr 1909 führte nicht automatisch zur Schließung des Restaurants. Ganz im Gegenteil, ein großer Raum im Souterrain erhielt im Jahr 1914 die makaberwitzigste Ausstattung, die Leipzig kurz vor Ausbruch des Ersten Weltkrieges zu bieten hatte. *Himmel und Hölle* nennt der humorige Gastwirt Richard Wenk das Gruselszenario, das sich – welch' Einsicht in die Realitäten – auf die bei Bosch oder Breughel entlehnte Darstellung der Hölle beschränkt. Sitzt schon in den ersten Jahren hin und wieder eine Frau am Klavier (Männer sind knapp in dieser Zeit), so entwickelt sich das Schauerambiente nach 1918 unter neuen Betreibern zum feminin dominierten *Konzerthaus Klosterkeller* mit

Barbetrieb (Gebäudeabbruch 1968, Neubau 1978/79 ohne Gastronomie).

Ein durchaus vergleichbares Ausstattungspendant – nur etwas kleiner – ist 1992 mit der *Geisterbahn* (Motteler Straße 20) entstanden, wo man nicht nur ziemlich gruselig sitzt, sondern auf der Speisekarte den höllischen Vorstellungen unserer Zeit entsprechend auch »Leber frisch von der A 9« findet.

Portalplastik von 1720 am Haus »Zum Arabischen Coffe Baum« (um 1930).

Zum Arabischen Coffe Baum

Kleine Fleischergasse 4

Daß die Barockplastik am Haus *Zum Arabischen Coffe Baum* eines der schönsten erhalten gebliebenen Gastgewerbezeichen Europas aus dem frühen 18. Jahrhundert ist, steht außer Frage. Fraglich ist allerdings alles, was mit ihr unmittelbar zusammenhängt. Man kennt bis heute weder den Bildhauer noch den Auftraggeber, der sie bezahlte. Etliche Kunsthistoriker haben versucht, den Bildhauer zu ermitteln,

von dem die Portalplastik stammen könnte. War es Christian Döring, Caspar Löbelt oder – was am wahrscheinlichsten ist – der Permoser-Schüler Johann Benjamin Thomae? Aufgrund stilistischer Vergleiche ist anzunehmen, daß »der aus Sandstein erblühte Türke« im Auftragsumfeld oder gar als Nebenprodukt des Türkischen Gartens in Dresden entstand, dessen plastischer Schmuck heute überall verstreut ist. Ehemals fröhlich bunt bemalt, präsentiert sich das Kaffeetürken-Relief heute weniger sandsteinnaturfarben als eher grau (zunehmend beschädigt durch Umweltbelastung) mit einigen Blattgoldauflagen. Als Gastgewerbezeichen ist es sowohl motivisch als auch künstlerisch von Einmaligkeit – es gibt weltweit keinen Vergleich.

Der seit 1697 in Leipzig ansässige Wirt Johann Lehmann (der kurz nach 1700 eifersüchtig behauptet, der älteste Kaffeewirt der Stadt zu sein, um seinen Anspruch auf diverse Privilegien durchzusetzen) erwirbt 1717 das »am Barfüßergäßgen gelegene Haus« und läßt es 1718/19 aufwendig um- und ausbauen. Leider kann er die Früchte seines Engagements für die Leipziger Gastronomie nicht mehr ernten – er stirbt 1719 inmitten der Vorbereitungen, so daß seine Witwe das Unternehmen sowohl eröffnet als auch die nächsten 23 Jahre führt.

Bevor »die Lehmannsche Wittwe, auf der Fleischer-Gasse in ihrem Hause zum Caffee-Baum« im Jahre 1720 den Ausschank aufmachte, wurde hier, wie nahezu in jedem anderen Haus auch, nebengewerblich Bier (seit dem 16. Jahrhundert) und Kaffee (seit 1711) verkauft.

Nur wenige Quellen geben uns Auskunft, wie es bei Frau Lehmann zuging. Ob es so unreinlich war, wie Professor Gottsched 1728 in seiner Zeitung schreibt, sei dahingestellt: »Die Wirthin und ihre Tochter saßen noch an dem Tische, und hatten etwa Speisen genossen, die keinen guten Geruch von sich geben mochten. Sobald sie mich gewahr wurde, befahl sie der Magd zu räuchern ... als ich von ihr hörte: Sie

solle das Rauchfaß draußen lassen, es wäre doch nur der alte Junggeselle, der immer an dem Ofen säße.« Gottsched ist der erste Leipziger Intellektuelle, von dem wir genau wissen, daß er ab 1723 regelmäßig ins Kaffeehaus geht – wenn man so will, vielleicht einer der ersten deutschen »Kaffeehausliteraten« überhaupt?

Wie die meisten Kaffeehäuser ist auch der *Kaffeebaum* zu keiner Zeit ein reiner Kaffeeschank gewesen. Schon bei der Lehmannschen Witwe werden neben Kaffee auch Wein, Liköre, Tee, Schokolade, Kleingebäck und kalte Speisen serviert. A la carte speist man hier bereits kurz nach 1800, und Bier schenkt man sogar schon seit 1742 aus.

Unter Maximilian Poppes Leitung von 1833 bis 1863 erlebt der *Kaffeebaum* seine erste Blütezeit. Jahrelang sitzen ab 1833 in der linken Gaststube junge Musiker beisammen und diskutieren die unerfreulichen musikalischen Zustände der zeitgenössischen Bieder-Musik. Wie David gegen Goliath wollen sie antreten: Am Stammtisch gründen sie einen Klub, der als Davidsbündler tatsächlich in die Musikgeschichte eingehen wird, weil aus den hier geäußerten Ideen und schriftlichen Notizen »die ersten Blätter einer neuen Zeitschrift für Musik« hervorgehen – wie Robert Schumann selbst mitteilt.

»Erschossen wie Robert Blum« – das laxe Volksidiom aus Leipzig zur Definition körperlichen Unwohlseins – hatte im *Kaffeebaum* einen anderen Klang als sonst in der Stadt: Robert Blum war häufiger Gast und befreundet mit Maximilian Poppe (ebenfalls ein Deputierter der Frankfurter Nationalversammlung). Ein Franzose, Jules Huret, schreibt um 1910: »Zu einer kleinen schmutzigen Kneipe, Zum Kaffeebaum genannt, bin ich gepilgert, um ein Glas Bier an dem Tisch zu trinken, auf den Schumann täglich seine Ellbogen auflegte ... Fast nichts hat sich in dem kleinen Wirtslokal, wo heute fast nur noch Kutscher und Arbeiter einkehren, geändert. Wenn Sie hingehen, so gehen Sie allein, an einem trüben Tag,

Das Haus »Zum Arabischen Coffe Baum«, kurz »Kaffeebaum« genannt (1905).

und Sie werden sehen, wie leicht es fällt, den reizbaren ruhelosen Geist des großen Musikers heraufzubeschwören.«

Die oberen Stockwerke bestehen bis in die sechziger Jahre aus Wohnungen bzw. sind gewerblich vermietet: Vom Schuhmacher im vierten Stock (um 1900) über die Turnerschaft Variscia im zweiten (um 1930) bis zur wundersam getarnten dritten Etage, in der sich ab irgendwann in den DDR-sechziger/siebziger Jahren bis 1991 eine konspirative Wohnung der Hauptabteilung XVIII der Staatssicherheit befand, hat das Haus *Zum Arabischen Coffe Baum* die erstaunlichsten Mieter beherbergt, von den Gästen im Erdgeschoß ganz zu schweigen.

Bis 1970 – der letzte private Pächter Steudel gibt altershalber auf und an die HO (volkseigene Handels-Organisation) ab – befanden sich die Gasträume, von Ausnahmen abgesehen, meist nur im Erdgeschoß. Eine solche Ausnahme war zum Beispiel in den zwanziger Jahren das vom Turnverein Variscia angemietete Vereinslokal, das gastronomisch natürlich vom *Kaffeebaum*-Wirt betreut wurde.

1978 kam als ständige Einrichtung im ersten Stock ein Künstlercafé hinzu (Club-Lokal der Leipziger Künstlerverbände). Mit der Auflösung dieser Verbände 1990/91 gab auch das Café seinen Geist auf: Im Sommer 1992 wurde

GOLDHALLE /
ZUM NORDPOL

Kleine Fleischergasse 12

In dieser Ecke saßen über viele Jahre Robert Schumann und die Davidsbündler (um 1935).

Am Ende des 19. Jahrhunderts wurde die *Goldhalle*, ein kleines Bierrestaurant, *Zum Nordpol* umgestaltet (1943 zerstört). Im Eis festgefrorene Schiffe (Amundsen ließ grüßen) waren nebst Eskimos, Rentieren und Walrossen an die Wand gemalt. Eisberge und -zapfen aus Stanniolpapier gaben dem Nachtcafé einen würdigen Glanz. So kalt es am richtigen Nordpol war, so heiß ging es hier in den zwanziger/dreißiger Jahren zu – nicht etwa nur im Winter: »Das Leipziger St. Pauli braucht sich wirklich nicht zu schämen. Am Eingang zur Fleischergasse ist gerade eine schwere Verhandlung zwischen Hamburger Zimmerleu-

Um Mitternacht im »Nordpol« (Zeichnung von Otto Pless, 1929).

endgültig ausgeräumt. Das Restaurant war zu diesem Zeitpunkt bereits seit Monaten geschlossen.

Mit orientalischer Gelassenheit blickt der »Kaffeetürke« über der Tür auf das, was seitdem geschieht. Nach Sanierung und Renovierung, die 1997/98 beendet sein dürften, soll das gesamte Gebäude als »International-Heiligtum« aller Kaffeesachsen – die bekanntermaßen in aller Welt zu finden sind – wieder erstehen. Für ein Kaffeemuseum – es wird das erste in Deutschland sein – gibt es keinen besseren Platz.

Bier- und Speisehaus »Zum Nordpol« (um 1935).

Tundradekoration »Zum Nordpol« (um 1935).

ten und kragenlosen Angehörigen der nächsthöheren Zunft nebst weiblichem Anhang im Gange. Ein paar Schritte weiter versucht ein Schutzmann einem lyrisch kreischenden Fräulein das Mitgehen zu erleichtern. Währenddessen bemühen sich Damen mehr oder weniger antiker Herkunft unermüdlich, dir die Schönheit ihres Dienstes am Volke begreiflich zu machen«, beschreibt ein Autor 1929 die Lustbarkeiten, die hier drinnen und draußen vor der Tür verhandelt wurden.

ZUR KÜHLEN QUELLE
Kleine Fleischergasse 20 / Matthäikirchhof 24

Mit hoher Wahrscheinlichkeit war Leipzigs bekanntester Berufsfotograf Hermann Walter im Jahr 1902 hierher bestellt worden, um das denkwürdige Ereignis der Eröffnung des Gast- und Logierhauses *Zur kühlen Quelle* im Lichtbild festzuhalten. Das Wirtsehepaar Pärsch, das in der Tür steht, hatte zur Feier des Tages wohl zum Freibier geladen, um all denen zu danken, die am Ausbau des Hauses zu einer Mini-Pension mitgeholfen hatten.

Pärsch bezog schon vor 1900 sein Bier aus Krostitz. Daß der Ausschank dieses Bieres so überdeutlich an die Wand geschrieben wurde, lag vor allem im Interesse der 15 Kilometer entfernten Brauerei, die sich kurz nach 1900 gegen unlauteren Etikettenschwindel durchzusetzen hatte, weil ein »Groß-Crostitzer Lagerbier« auf den Markt gekommen war, das nicht in Krostitz, sondern in Lindenau gebraut wurde.

Gast- und Logierhaus »Zur kühlen Quelle« (1902).

42

MÜLLERS HOTEL

Matthäikirchhof 12/13

Über fünfzig Jahre lang (1870–1923) bestand das nach seinem Erstinhaber, Franz Gottfried Müller, benannte Stadthotel und wurde unter dessen Namen auch nach 1878 weitergeführt, als fortan die Betreiber wechselten. Im Jahr 1900 (Inhaber E. Schmidt) kostete ein einfaches Zimmer 1,75 Mark, wie üblich inklusive Licht und Bedienung.

Das Foto zeigt *Müllers Hotel* als ein fast imposantes Gebäude – in Wirklichkeit ist es nur die zwei Fenster breit, die man an der Stirnseite sieht.

Annonce (1929).

»Müllers Hotel« an der Promenade (1910).

Blick vom Dittrichring zum Eingang des »Café Kaiserhof« (um 1910).

Café Kaiserhof / Palastcafé / Gaststätte Silberstein

Barfußgäßchen 15 /Ecke Dittrichring

Kurz nach 1900 von Cafetier Linus Bauch eröffnet, war es vor allem der große Billardsaal im *Café Kaiserhof*, der die Leipziger Herrenwelt anzog. Die Damenwelt umwarb der erste Betreiber mit einer speziellen Kaffeezubereitung (à la Karlsbad), der nächste, Heinrich Schiesser, setzte um 1910 mehr auf Konditoreiwaren.

Anfang der zwanziger Jahre (Betreiber Max Pontinus) sind Billardsaal, Schachecke und Diele hin und wieder Treffpunkt von Literaten, die das schräg gegenüber liegende *Café Merkur* aus aktuellen Gründen (zum Beispiel Krach mit Kollegen der schreibenden Zunft) für kurze oder längere Zeit mieden.

Für die Leipziger Juden erhält das Mitte der zwanziger Jahre in *Palastcafé* umgetaufte Lokal ab 1933 zunehmend existentielle Bedeutung, ist es doch die letzte Zufluchtsstätte, in die der jüdische Kulturbund zu Konzerten und Vorträgen einladen kann. Als *Gaststätte Silberstein* überlebt das Lokal die Pogromnacht 1938 und hat als letzter Ort, an dem sich die jüdische Bevölkerung straffrei aufhalten kann, noch bis 1941 geöffnet.

Bis zum ersten Stockwerk brannte das Gebäude 1943/44 nieder. Über fünfzig Jahre blieb die prächtige Ruine, gewerblich genutzt, stehen. Im Februar/März 1996 endgültig abgebrochen, ist die Wiedererrichtung des Eckgebäudes als Teil des *Tri-Fugiums* im Herbst 1996 abgeschlossen.

Zum güldenen Schiffchen / Hotel de France / Zum goldenen Schiff

Große Fleischergasse 12 / Töpfergasse 2

»Herr Hildebrand, im Goldenen Schiff auf der Fleischergasse, hat auch Ausspannung«, lautet 1784 der Eintrag im damaligen Komplettverzeichnis Leipziger Gastbetriebe. Daß er Wein ausschenkt, Fremde speist und logiert, ist selbstverständlich.

Im Jahr 1693 wird der Gasthof *Zum güldenen Schiffchen* erstmals erwähnt. Das Hausgrundstück – typisch für die Stadt der Kaufleute – war von zwei Gassen her zu betreten, vor allem aber mit Kutschen und Fuhrwerken zu befahren. Es gehörte seit 1687 Johann Teichmann, der seinen Besitz systematisch zu einer großen Fremdenherberge ausbaute und wohl auch das Hauszeichen – ein Handelsschiff mit gerefften Segeln, bekrönt von einer prächtigen Weintraubengirlande (heute zu sehen: Kleine Fleischergasse 6) – kurz nach 1700 anbringen ließ. Von der »Seestadt« Leipzig (Anbindung an Schiffahrtslinien durch Kanalbauten) träumten die Leipziger Kaufleute schon seit dem 17. Jahrhundert – vergeblich. Als vergoldetes Gastgewerbesignet hält das Hauszeichen trotzdem Trost parat: Hat man sein Schiffchen ins Trockene gebracht respektive seine Handelsgeschäfte profitabel erledigt, kann man den Wein noch besser genießen.

Um 1800 ist das *Goldene Schiff* über viele Jahre (1805–1830 hieß es kurzzeitig etwas vornehmer *Hotel de France)* Versammlungslokal der Freimaurer. Bis sie für ihre Zusammenkünfte (Logen) eigene Häuser besaßen (in Leipzig ab 1847), mieteten sie üblicherweise in

Tordurchfahrt des ehemaligen Gasthofes »Zum goldenen Schiff« (um 1900).

öffentlichen Wirts- und Kaffeehäusern ein oder mehrere Vereinszimmer, die als »Logenlokal« für die verschiedenen Zwecke der Zusammenkünfte (Arbeiten sind z.B. Tafellogen, Trauerlogen, Konferenzlogen) vorher entsprechend dekoriert wurden.

Als dieses Foto entstand, waren die Freimaurer schon lange ausgezogen, und anstelle von Hotelgästen wohnten hier inzwischen einfachere Leute, unter anderem Kinder und Jugendliche, die das städtische Jugendamt in den zwanziger Jahren betreute.

Goldenes Herz / Urwald

Große Fleischergasse 28

Im Jahr 1690 wurde das *Goldene Herz* erstmals als Gasthof erwähnt, sein prominentester Gast war E.T.A. Hoffmann, der 1813 hier wohnte. »Nachdem wir am 11. Februar 1875 unsere Hochzeit gefeiert, zogen wir am 1. März 1875 in das *Goldene Herz* ein, um dasselbe zu bewirtschaften. Mit jugendlicher Kraft setzten wir alles ein, um das Geschäft zu einem glücklichen Heim zu schaffen«, beschreibt der später bekannte Gastwirt Louis Treutler den Beginn seiner Laufbahn in Leipzig. »Nach allen Mühen und Anstrengungen war es aber nicht möglich, das Geschäft zu einer größeren Rentabilität zu bringen, deshalb sahen wir uns bald nach einem anderen Geschäfte um, und es gelang uns auch durch das Entgegenkommen der Naumann'schen Brauerei … am 15. Mai 1877 den alten *Zill'schen Tunnel* zu übernehmen.«

Was Treutler nicht gelang, glückte wenige Jahre später mit der Einrichtung des Café-Restaurants *Urwald*, dessen exotische Ausstrahlung entsprechend exotische Klientel an sich zog. Der *Urwald* gehörte zweifellos zu den Örtlichkeiten, »wo auch reichlich Gelegenheit, die Unterwelt in allen Typen und Bräuchen kennenzulernen«(1929), gegeben war.

Grosser Blumenberg / Café am Brühl

Richard-Wagner-Platz 1

Ursprünglich stand hier ein uralter Gasthof (*Zum Blumenberg*), in dem seit mindestens 1525 bewirtet, ausgespannt und beherbergt wurde. Benannt nicht nach einem blumenbewachsenen Hügel, sondern nach dem ersten Besitzer namens Tiburtius Blumenberg (Plumberg). Mehrfach wurde das Grundstück um-, aus- und neugebaut (seit 1767 in *Großen* und *Kleinen* Blumenberg unterteilt). 1799 ent-

Werbegrafik (1905).

stand das dreigeschossige Haupthaus in etwa der Gestalt, wie wir es nach der letzten Rekonstruktion (1961/63) bis heute sehen. In verschiedener Betriebsform nahm das Gastgewerbe als Hotelbetrieb beziehungsweise seit Mitte des 19. Jahrhunderts als Café-Restaurant (um 1900 zum Beispiel *Café Ziegler*) über die Jahrhunderte, wenn auch mit großen Abständen, immer wieder hier Platz.

Daß die »Mutter der deutschen Schauspielkunst«, Caroline Neuber, den Färberboden im *Großen Blumenberg* zu einer ihrer Spielstätten erkor (1749), ist bis heute im städtischen Gedächtnis verhaftet und wird an Ort und Stelle entsprechend gewürdigt, ganz neu 1995 mit der Einrichtung der Weinstube *Zur Neuberin*. Neben grobem Fuhrmannsgeschrei hörte man Ende des 18. / Anfang des 19. Jahrhunderts auch feinsinnigere Töne aus dem *Großen Blumenberg*: Hier verkehrte die Gesellschaft Societé (gegründet 1772), »die aus 120 Personen besteht, und in welche Gelehrte, Künstler, Kaufleute, Buchhalter und Handlungsdiener aufgenommen werden. Sie versammelt sich Sonntags, Donnerstags und alle Festtage im großen Blumenberg bei Hrn. Sander.« Die Mitgliedsregeln besagten, daß am Reformationstag und Mariä Verkündigungsfest Einheimische und Fremde als Gäste mitgebracht werden dürfen, »sonst aber nur Fremde, die sich nicht über 3 Monate hier aufhalten«.

Länger hielt sich der noch feinsinnigere Philosoph und Dichter Friedrich Nietzsche später in Leipzig auf – er fand den Mittagstisch beim *Blumenberg*-Wirt namens Hahn am wenigsten schlecht von Leipzig und kehrte deshalb Tag für Tag – wenn es ihm nicht gerade wieder einmal den Magen umgedreht hatte – hier ein.

»Mein Magen – ist wohl eines Adlers Magen? Denn er liebt am liebsten Lammfleisch…«, liest man später im »Zarathustra«. Ob Nietzsche die *Blumenberg*-Spezialität »Lammschulter polnisch oder in Halbtrauer« (Epaules d'agneau à la Polonaise ou en demi-deuil) verkostet hat, teilte er leider nicht mit.

Haupthaus des »Großen Blumenberges« (um 1890).

Café Gesswein

Brühl 21

Als das Eckgebäude (ursprünglicher Bau 1697, 1842 nach Brand neu aufgebaut) Mitte der zwanziger Jahre dem Abbruch preisgegeben wurde, war die Empörung der Leipziger groß: Eine »echte« Goethe-Gedenkstätte, die man anfassen konnte, sollte verlorengehen! Sie ging trotzdem verloren, aber eigentlich war der ehemalige Gasthof *Goldener Apfel* (danach *Café Geßwein*, zuletzt vor allem Goseaus-schank) auch gar keine, denn der 16jährige Student machte der Wirtstochter Kätchen nicht hier, sondern im Nachbarhaus (*Wein-schank Schönkopf*, Gedenktafel über der Tür sichtbar) schöne Augen, was zu einer musea-len Ausgestaltung als »Goethe-Gedenkstätte« führte und vom Leipziger Lokalpoeten Georg Bötticher unter der Überschrift »D'rnähm« auf gut sächsisch kommentiert wurde:

»Vom 'Gaffee Geßwein' hammse wohl geheert,
am Briehl in Leipzig? – Das is Sie sähenswert!
Da is in Angdreh änne Inschrift ze läsen,
daß 'Göthe' als Studio hier Stammgast
   gewäsen,
hier Dage und Nächte langk zugebracht
un Gäthchen Scheengopf de Gur hat
   gemacht...
Gorzum, ä Museum is uffgebaut,
was de jeder, der hingommt, sich beschaut ...
Hier! – heeßt das, bis uff das Eene ähm:
Bassiert is de Sache in Hause d'rnähm!«

»Café Geßwein« vor dem Abbruch (1925).

48

Brühlseite vom »Plauenschen Hof«, der sich bis zur heutigen Richard-Wagner-Straße hinzog, wo sich die Einfahrt befand (1873).

PLAUENSCHER HOF

Brühl 23

Weil es vor allem Kauf- und Fuhrleute aus Plauen waren, die im 18. Jahrhundert in dem langgestreckten Hofgrundstück ihre Messequartiere aufschlugen, durfte die traditionelle Herberge seit 1804 auch offiziell den Namen *Plauenscher Hof* tragen.

Ernst Pinkert (1844–1909) kam im Jahr 1863 blutjung nach Leipzig, um sich im Gastgewerbe ausbilden zu lassen. Als er im Jahr 1871 diesen alten Fuhrmannsgasthof übernahm und kurz danach auch noch das Restaurant *Zum Pfaffendorfer Hof* (Fettviehhof) pachtete, ahnte er bestimmt nicht, daß sein Name in gänzlich anderem Zusammenhang einen Ehrenplatz in der Stadtgeschichte haben wird. Dem Hang, ständig exotische lebende Tiere auch in seinen Restaurantsälen zu präsentieren, gab er

später gänzlich nach: Er gründete 1878 den Zoologischen Garten.

Den *Plauenschen Hof* führte er übrigens nur zwei Jahre, denn der Komplex wurde in den 1870er Jahren abgebrochen und durch einen Neubau ersetzt, in dem sich wiederum gastgewerbliche Betriebe niederließen, unter anderem nach 1900 das *Erste Wiener Café* unter dem Inhaber Louis Pfau.

Postkarte aus dem »Café Reichspost« (1907).

CAFÉ REICHSPOST

Brühl 33

Was Gastwirt Andreas Weise im Jahre 1995 in sein neuerrichtetes *Alt-Leipzig* (Friedrich-List-Straße 11) alles hineingeramscht hat, ist mittlerweile ein respektabler Abglanz von dem, was um 1900 im *Café Reichspost* abgela-

den wurde. Die Kuriositätenkollektion mit »Erinnerungen aus den Jahren 1600–1900« bestand aus einer Vielzahl von Kunstwerken und Plunder, wobei die Palette vom großformatigen Ölschinken an der Wand über die Installation eines Japanischen Häuschens bis hin zu Dutzenden von Wanduhren oder kleinen und großen Musikautomaten reichte.

In der satirischen Lokalpresse wurde 1922 zusammengefaßt:

»Die Gerne-Großstadt Leipzig besitzt neben dem Etablissement Völkerschlachtdenkmal auch das Café Reichspost auf dem Brühl. Dieses ist zwar von keinem Hofrat erbaut worden, bietet aber trotzdem soviel Sehenswürdigkeiten, daß sein Schöpfer ebenfalls den roten Adlerorden IV. Klasse (Reisende mit Traglasten) verdient hätte ... Die Damen, wo immer solche Mäderl- oder Strichkoffer haben, kriegen feurige Oochen, etwaige Reflek-

Annonce in »Der Leipziger« (5.2.1922).

Um den »Verbrechertisch« in der alten »Guten Quelle« (Brühl 22) haben sich um 1860 versammelt (von links nach rechts, unten): Grumbach, der Homöopath Dr. Bock, der Verleger Dr. Ernst Keil und der erst 1859 wieder auf freien Fuß gesetzte Publizist Theodor Oelckers. Oben: der Schriftsteller Gustav E. Benseler, daneben Würkert, Grun (stehend), M. Dolge, A. Dolge, Roßmäßler, Hofmann und Albrecht (Holzstich von R. Wolff, um 1880).

tanten erkundigen sich nach Preis und Lieferungsfrist, Liebes- und auch andere Paare nehmen Tuchfühlung … Reichspost und Abendpost: Die Polarität Leipzigs liegt in diesen beiden Worten.« (Der Drache, 19.4.1922) Das Gebäude wurde 1943 zerstört, das Kaffeehaus war schon vorher geschlossen worden.

GUTE QUELLE
Brühl 42

Schon sehr bald nach Errichtung des neuen Geschäftshauses der Pelzhändler E. und G. Lomer (1867), das seinen Hausnamen *Gute Quelle* wohl der Aufgabe der bekannten Kellerkneipe verdankte, zog das Gastgewerbe mit Restaurant und Bühne ein. Die neogotische Fassade veranlaßte die Leipziger, von der neuesten »Pelzkirche« in ihrer Stadt zu reden.

Der legendäre »Verbrecher«-Stammtisch der 1848er Demokraten, der sich in der alten

Guten Quelle (Brühl 22) versammelt hatte, wurde als historisch bedeutsame Vergangenheit auch für hier reklamiert. Wie doch der Dichter schon sagte:

»Hier! – heeßt das, bis uff das Eene ähm:
Bassiert is de Sache in Hause d'rnähm!«

In den zwanziger/dreißiger Jahren wechselten die Betreiber des Restaurants und der Bühne mehrfach, im Jahr 1921 domiziliert zum Beispiel in der neugestalteten Diele die *Blaue Maus* (Inhaber Mielke), und Ende des »goldenen« Jahrzehnts hieß das Vergnügungszentrum *Platz'l* (1929 Inhaber Max Schütze, 900 Plätze).

Die »Gute Quelle« in der 1867 erbauten »Pelzkirche« (1907).

Zur guten Quelle,

Brühl Nr. 22.

Mit dem heutigen Tage verzapfe ich mein

Crostitzer Bock-Bier

à Seidel 15 Pfg.

und empfehle dasselbe als etwas Ausgezeichnetes, so wie ich mit Recht meine weiten Räumlichkeiten während der heißen Sommerzeit als einen durch seine behagliche Kühle und vortreffliche, keinen Tabakrauch und Dunst duldende Lüftung als einen äußerst angenehmen Aufenthalt empfehlen kann.

August Grun.

NB. Heute früh Speckkuchen.

Annonce (1862).

SCHÜTZENGRABEN

Brühl 63

Das nationale Pathos, das den Kriegsausbruch 1914 begleitete, fand im Jahr 1916 einen seiner merkwürdigsten Höhepunkte in der patriotischen Ausmalung dieser kleinen Kneipe.

Die heroisch-illusionistische Wanddekoration ließ jeden Daheimgebliebenen gleichsam mit hinter den deutschen, den Feind totschießenden Geschützen sitzen, während er in aller Ruhe sein Bier trinken konnte. Die Ausmalung wurde Anfang der zwanziger Jahre übertüncht, als eine Rauchwarenhandlung das Erdgeschoß mietete. Das Haus gehört Ende der zwanziger Jahre Frau Lena Bürck, die in den oberen Stockwerken das kleine *Bürks Hotel* leitete.

»Schützengraben« (1916).

WEISSENFELSER BIERHALLE

Brühl 74

So schön und groß die strahlend neue Hausbemalung kurz nach 1900 über die ganze Vierfensterfront bis zum dritten Stockwerk auch ausgeführt wurde, der Werbeeffekt für das in Weißenfels gebraute Bier blieb auf Dauer gegen die starke Konkurrenz etablierter auswärtiger (vor allem bayrischer und fränkischer) Brauereien und der angestammten Brauereien wie Ulrich, Naumann, Bauer oder Ermisch in Leipzig aus.

In den zwanziger Jahren handelt man hier, wie im Nachbarhaus auch, ausschließlich mit Pelzen.

Rechts das Café-Restaurant »Weißenfelser Bierhalle«, links der Eingang zur Weingroßhandlung von August Schneider mit dem »Esterházykeller« (1905).

Der »Winzerkeller« nach Neudekoration (um 1912).

ESTERHÁZYKELLER / WINZERKELLER

Brühl 80 / Goethestraße 8

Unabhängig davon, was oben passierte – hier unten wurde seit Errichtung des Gebäudes (1857) zuerst in kleineren, danach in größeren Mengen Wein gelagert und getrunken. Als reiner Wirtschaftsbau konzipiert und gebaut (Fleischhallen, ab 1859 Georgenhalle genannt,

1943 zerstört), bescherte die erste deutsche Einheit der Stadt Leipzig das erfreuliche Problem, das deutsche Reichsgericht unterzubringen (Standortzuweisung durch Reichskanzler Bismarck vom 11.4.1877).

Wohin mit all den Amtsträgern? Hierher, bis ein neues Gebäude errichtet wird, lautete der städtische Beschluß. Also tagten die Herren des obersten Gerichts von Oktober 1879 bis August 1895 in diesem Gebäude. Das danach oben einziehende Kaffeehaus wurde konsequenterweise *Café zum Fürst Reichskanzler*

getauft, die Inhaber der Weingroßhandlung im Keller nannten ihr gleichzeitig betriebenes Weinrestaurant, der Sache angemessener, zuerst *Esterházykeller* (um 1900 unter August Schneider wegen des Depots österreichischer und ungarischer Weine und der vornehmlich ungarischen Küche mit Paprikagulasch oder Pörkölt), danach *Winzerkeller*.

Emsiges Treiben herrschte auf allen Ebenen, befand sich doch auch eine der Stadtküchen (um 1930 vom *Winzerkeller* mit bewirtschaftet) in dem Gebäude.

HOTEL DE POLOGNE

Hainstraße 16/18

»Man glaubt sich nach Indien versetzt, an die geheiligten Fluthen des Ganges mit seinen Lotosblumen. Die saftigen Palmen strotzen im üppigsten Grün, aus denen Kokosnüsse und Pisangfrüchte hervorlugen. Man wähnt aus des Waldes düsteren Gründen einen Indianer mit Pfeil und Bogen heraustreten zu sehen, da aber erscheint ein Kellner...«, ließ sich Theodor Drobisch über die erste Innenausstattung des später im wahrsten Sinne des Wortes wie Phönix aus der Asche neuerstandenen *Hotel de Pologne* (1846 abgebrannt, Neubau 1847/48) aus. Schon 1843 hatte der Gastwirt Christian August Pusch drei nebeneinanderliegende Hausgrundstücke zu einem Hotelkomplex zusammengefügt, von denen das

linke und das rechte seit undenklichen Zeiten Weinschank und Herberge waren: *Zum Birnbaum* (hier hatte bereits Luther genächtigt, seit 1827 *Hotel de Pologne*) und *Goldener Adler* hießen sie seit Anfang des 17. Jahrhunderts.

Dank des verheerenden Brandes, der 1846 die drei alten Häuser in Schutt und Asche legte, wurde 1847/48 ein nahezu kompletter Neubau veranstaltet, der alles in den Schatten stellte, was bisher in Leipzig Fremdenherberge hieß (üppig ausgestattete Speisesäle, 130 Zimmer, erneute Modernisierung durch Arwed Roßbach 1891/92).

Die in der europäischen Gastronomiedekoration übliche »Welthereinnahme« wurde in den zwei Fest- und Ballsälen gnadenlos zelebriert. Nach der exotischen Dekoration im ersten Saal folgte im zweiten eine maritime: Gestuckte Korallen- und Muschelfelsen, gemalte Seefische (Hammerhai, Rochen, Klippfisch) in

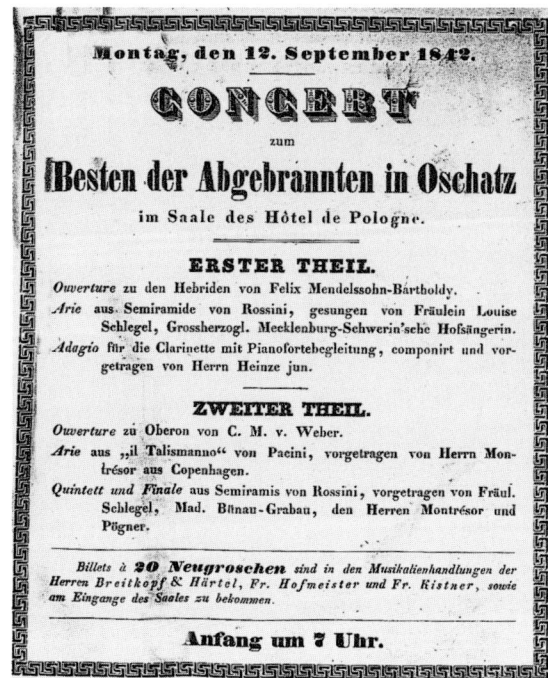

Benefizkonzert für vorher Abgebrannte im »Hotel de Pologne« (1842).

Menschliches Versagen (ein Handlungsdiener hatte im Terpentinlager geraucht) führte zum Brand des »Hotel de Pologne«, bei dem acht Tote und der Verlust der ersten Festsaaldekoration von Eduard Pötzsch zu beklagen waren (Lithographie, 1846).

Lebensgröße, die Brandung an der Insel Helgoland und dahindampfende Ozeanschiffe.

Viele Leipziger Vereine (u.a. »Concordia«, »Bürgerverein«, »Liedertafel«, »Freitag-Gesellschaft«, »Tunnel«) trafen sich hier regelmäßig und veranstalteten ihre großen Jahresbälle, an denen bis zu 1500 Personen teilnahmen.

Bis zum Schiffbruch (Einstellung des Hotelbetriebes 1917) ging es hier – ganz im Gegensatz zum wenige Schritte entfernten *Nordpol* – vornehm zu. Der Betreiber hieß 1900 zwar nur Hupka, aber bis 1917 führte er den stolzen Titel »Herzoglich-Anhaltischer und Königlich-Sächsischer Hoftraiteur«.

Das Gebäude steht bis heute (seit 1917 als Messehaus und bis 1993 vom Leipziger Messeamt genutzt). Der Saal des *Hotel de Pologne* wurde allerdings weiterhin als Bühne und gastgewerblich betrieben: *Nachtfalter* (um 1910–1943), *Soldatenheim* (1943–1945), *Casino* (1945/46), *Atrium* (1947–1950), danach bis 1991 Betriebsrestaurant des Messeamtes.

Von der Prachtdekoration ist zwar derzeit kaum noch etwas zu erahnen, aber, wie man hört, steht auch hier eine denkmalpflegerische Gesamtrekonstruktion bevor.

Wilhelms Weinstuben«, die in den dreißiger Jahren nach Besitzerwechsel in »Taberna« umbenannt wurden (nach 1930).

WILHELMS WEINSTUBEN / TABERNA

Hainstraße 23

Was in der Literaturgeschichte später Expressionismus genannt wurde, hat – man glaubt es kaum – an diesen Tischen seinen Anfang genommen. *Wilhelms Weinstuben* sind neben dem *Taubenschlag* die finsteren Höhlen, in denen zwischen 1910 und 1914 die Jungschriftsteller Kurt Pinthus, Franz Werfel und Walter Hasenclever mit den Jungverlegern Ernst Rowohlt und Kurt Wolff zusammenhockten, um Redaktionssitzungen abzuhalten, Manuskripte zu diskutieren und zu verlegen, die dem gängigen Publikumsgeschmack in keiner Weise entsprachen, sondern die allein der modernen Literatur dienten.

Die später als hochbedeutsam eingeschätzte Runde ging aus einem Mittagsstammtisch hervor, den der Weinhändler Alexander Wilhelm ab 1905 für Studenten unterhielt und an dem ab 1909 Kurt Pinthus saß, der Walter Hasenclever nachzog. Zu diesen gesellten sich die heute vergessenen Dichter Gerdt von Bassewitz und der junge Baron von Maltzahn (mit dem Else Lasker-Schüler später eine Affäre gehabt haben soll). Der rebellische Ernst Ro-

Historistische Prachtdekoration von der Jahrhundertwende (nach 1930).

wohlt war hier nur zu bremsen, wenn von Elsa Asenijeff, der liebreizenden bulgarischen Muse aller an- und abwesenden Leipziger Künstler, die Rede war. Franz Kafka notierte am 29.6.1912 in sein Tagebuch: »Eigentümliches tägliches Mittagessen in der Weinstube. Große breite Weinbecher mit Citronenscheiben.«

1913 erhielt Kurt Wolff Lokalverbot, weil sein Schmähartikel über das in Leipzig statt-findende Deutsche Turnfest nicht nur dem Wirt gewaltig über die deutsch-nationale Hut-schnur ging. Der muntere Dichterkreis, zu dessen Gästen hier keine geringeren als Theo-dor Däubler, Johannes R. Becher, Martin Bu-

ber, Gustav Meyrink, Heinrich Mann oder Else Lasker-Schüler gehörten (erst vor kurzem von Sabine Knopf umfangreich dargestellt), zerstob endgültig bei Ausbruch des Krieges 1914.

GRIECHENHAUS

Katharinenstraße 4

Weil seit dem 18. Jahrhundert griechische Handelsleute während der Messen in dem langgestreckten Durchgangshaus Quartier bezogen (neben Schlafstellen gab es auch eine griechisch-orthodoxe Betstube), hieß das ganze Gebäude »Griechenhaus«. Das kleine Restaurant im Erdgeschoß, in dem hinten die Reste eines gotischen Kreuzgewölbes erkennbar sind, nannte sich seit 1887 entsprechend auch *Zum Griechenhaus* (1943 zerstört).

Die Kulmbacher Bierstube »Zum Griechenhaus«
(1916).

Weinhaus und Kabarett »Rakete« (um 1930).

RAKETE

Katharinenstraße 13

Der neueste Schrei in der Katharinenstraße, in der seit dem 18. Jahrhundert schon kein Mangel an Schankstätten oder Kaffeehäusern herrschte und in der im Jahre 1900 in jedem zweiten Haus ein gastgewerbliches Unternehmen tätig war, hieß Anfang der zwanziger Jahre *Rakete*. In diesem Etablissement, plüschig ausgestattet von der Firma »Kunst im Heim«, die im selben Haus domizilierte, empfing Carl Bock bis in die dreißiger Jahre seine Gäste Abend für Abend ab 20.30 Uhr (1924) oder 19.30 Uhr (1930) zu »Künstler«- und, glaubt man den Zeitzeugen, auch anderen Spielen, die hier, in Leipzigs »vornehmstem Weinkabarett«, dem auch das *Tanzkabarett Resi-Kasino* angeschlossen war, stattfanden.

Tanzkabarett »Resi-Kasino« (um 1930).

CAFÉ METROPOLE

Katharinenstraße 25

»Steckt man oben 'ne Bockwurscht rein, kommt unten 'ne Mark raus«, war der philosophisch-sächsische Kommentar des Automatenknackers aus der Frühzeit moderner Speise- und Getränkeautomaten. Die chromblitzenden, kurz nach 1900 aufgestellten Automaten wurden von Anfang an nicht nur mit 10-Pfennig-Stücken gefüttert – äußerst beliebt waren künstlerisch gebogene Haarnadeln!

Als diese drei Häuser 1911/12 der Spitzhacke zum Opfer fielen, um dem Neubau von Kretschmanns Hof zu weichen, war es auch mit dem *Café Metropole* vorbei, das kurz nach 1900 als Automatenrestaurant eingerichtet worden war (vorher *Café Museum*). Dem Zeitgeist frönend wurde in dem »automatischen« Schnellimbiß mehr Cola als Bier aus den Automaten gedrückt.

Die Getränke (Cola, Schokolade, Bouillon, Wein, Bier, Likör) kosteten wie belegte Brötchen je 10 Pfennige, die heißen Würstchen 20 Pfennige.

60

*Rechts das
Automatenrestaurant
»Café Metropole«
(um 1910).*

Konditorei
C. W. Seyffert /
Café Cather

Katharinenstraße 15

Nach Abbruch der alten Häuser und dem Neubau einer ganzen Häuserfront eröffnete 1914 das *Conditoreigeschäft C. W. Seyffert Nachf.* (gegründet 1851) hier eine neue Filiale, die bis 1938 unter den Betreibern August Holzgreve und Mathias Leonhard Ackermann als *Konditorei C. W. Seyffert* bestand. Den Namen *Café Cather* – abgeleitet von Catherstraße (1716) und nicht etwa von einem Katzentier – erhielt der Konditoreiladen 1939, als er von dem aus Liegnitz stammenden Reinhard Buhlig mit der Auslage feinster Liegnitzer Bomben neu eröffnet wurde. Vergeblich kämpfte der hochbetagte Konditormeister Buhlig (1876–1967) gegen die Gewohnheit der Leipziger, telefonische Kuchenbestellungen mit der Frage einzuleiten: »Is dord d'r Gaad'r?« Niemand außer ihm betonte das Wort »Cather« auf der zweiten Silbe, und bis heute glauben sogar Stammgäste fest daran, daß sie nach der Verabredung »M'r dreff'n uns in Gaad'r« in einem »Kater« sitzen.

Am 25. Februar 1989 wurde das 50jährige Geschäftsjubiläum mit Gästen gefeiert, die schon bei der Eröffnung 1939 mit von der Partie waren. Als das *Café Cather* mit der Verstaatlichung 1972 aufgrund höherer Weisung in *VEB Konditorei am Sachsenplatz* umgetauft worden war, hat man hier einfach nur gelacht (1984 wurde dieser Beschluß zurückgenommen). Bis heute hat das *Cather* seinen Ruf als das »Kuchenherz der Innenstadt« erfolgreich verteidigen können – kein Wunder, kommt doch alles, was hier verkauft und vorher ganz traditionell hergestellt wurde, ofenfrisch aus der Backstube, in der nach wie vor die besten Leipziger Lerchen gemacht werden.

Blick in die Katharinenstraße mit »Kaffeehaus Excelsior« (Ecke Böttchergäßchen), dahinter das »Klosterbräu« (Nr. 10/12), gefolgt von »Stadt Pilsen« (Nr. 8), Weinstube »Mutter Krause« (Nr. 6) und dem »Griechenhaus« (Nr. 4) (um 1930).

Kaffeehaus
Excelsior

Katharinenstraße 14

Das kleine *Kaffeehaus Excelsior* (Ecke Böttchergäßchen) gehörte – wie ein halbes Dutzend weiterer Frühstücks- und Kaffeestuben im innerstädtischen »Pelzquartier« – schon um 1900 (da hieß es *Café Richter*), besonders aber seit Mitte der zwanziger Jahre zu den bevorzugten Treffpunkten der Rauchwarenhändler. Im Jahr 1928 gab es knapp 800 Rauchwarenhandlungen in Leipzig, die meisten davon hier in unmittelbarer Nähe. Die Pelzhändler lasen im *Excelsior* weniger die Leipziger Tageszeitungen, sondern vor allem die gedruckten »Pelznachrichten« (Offerten, Auktionsangebote und -ergebnislisten).

Wenige Schritte weiter in Richtung Markt ist die Werbesäule des Bier-Restaurants *Klosterbräu* (Katharinenstraße 10/12) gut zu erkennen. Nicht mehr im Bild befand sich etwa zehn Meter von dem Auto entfernt (links) der Eingang zum jüdischen *Restaurant* von Isidor *Manelis* (Katharinenstraße 20), das er hier allerdings nur ein oder zwei Jahre betrieb (1929), bevor er es in die Richard-Wagner-Straße verlegte.

»Münchner Löwenbräu« (1930).

MÜNCHNER LÖWENBRÄU

Katharinenstraße 17

Um 1900 beherrschte Gott Bacchus die Katharinenstraße traditionellerweise immer noch mehr, als es bis dahin Gambrinus tat, denn neben dem bierseligen *Griechenhaus*, einer *Deutschen Trinkstube* (Nr. 10) und dem *Erlanger Brauhof* (Nr. 20) hatten mehr als ein Dutzend kleinere Wein-, Likör- und Kaffeestubenbesitzer im städtischen Alltag ihren angestammten Sitz, der zum Teil bis ins 18. Jahrhundert zurückreichte.

Dies sollte sich mit der Eröffnung der ersten großen, »echt« bayerischen Brauereigaststätte *Münchner Löwenbräu* ändern, die 1912 in den Neubau von Kretschmanns Hof (bis heute deutlich lesbar) einzog. Wer danach Schwabing in Leipzig suchte – Münchner vor allem –, wurde nicht nur hierher, sondern auch in das gegenüberliegende *Münchner Hofbräu* (vorher *Klosterbräu*, noch früher *Europäische Börsenhalle*, 1948–1966 *Sachsenhaus*) geschleppt: »Und als wir dann im Münchner Hofbräu in der Katharinenstraße angelangt waren, da war ich sogar gänzlich ausgesöhnt mit der Pleißestadt. Das Münchner Hofbräu ist wirklich ein famoses Lokal: Hier sitzen der Lagerist und der Herr Professor, die Frau Kommerzienrat und der Herr Studiosus beieinander bei ihrem Maß (jawohl, richtige Maßkrüge gibt es hier!), verzehren echt Münchner Spezialitäten, angefangen vom Bierhappen bis zur Schweinshaxe mit Sauerkraut.« (Marte von Haack, 1930)

Die Lokalität des ehemaligen *Löwenbräu* existiert bis heute und hat, in gewisser Weise typisch für das Schicksal gastronomischer Betriebe im real- und postsozialistischen Leipzig, die erstaunlichsten Konzeptwechsel über sich ergehen lassen: Gab es bis Anfang der fünfziger Jahre kein Problem mit bayerischer Küche und dem nunmehr westdeutschen Namen, so entschied man sich doch dann sehr bald für eine *Stadt Kiew* mit russischer Küche. Als dieser Name 1963 für das Restaurant im neuerrichteten Messehaus am Markt vonnöten war, wurde hier zum bulgarischen Verbündeten gewechselt: Im *Plovdiv* gab es nunmehr Kebabtschiti und Rosentaler Kadarka. Als dieses HO-Unternehmen infolge der deutschen Einheit der Treuhand zufiel, verkaufte sie die Pacht – in gewisser Weise naheliegend – an einen griechischen Betreiber, der nunmehr ein *Delphi* daraus machte.

CAFÉ ORIENTAL
Katharinenstraße 19

Der Mann auf dem Foto (um 1912) mit dem in Papier eingepackten Kuchen in der Hand könnte – rein theoretisch – Franz Kafka sein, der vor dem *Café Oriental* auf seinen Verleger Kurt Wolff und dessen Lektor Franz Werfel wartet, um dann mit ihnen gemeinsam hineinzugehen. Denn auch hier (wie im *Taubenschlag*) trafen sich diese drei Herren Literaten im Juni 1912, was man in Kafkas Tagebüchern nachlesen kann. Das winzige *Café Oriental*

genoß einen durchaus zweifelhaften Ruf, was die jungen Dichter allerdings nicht sonderlich störte.

In den zwanziger Jahren aufpoliert zur feinen *Likörstube Kahlbaum*, waren hier orthodoxe Juden ebenso häufig zu Gast wie im nahegelegenen jüdischen *Restaurant Isidor Manelis* (später Richard-Wagner-Straße 15, vorher Nürnberger Straße 18), in dem die Männer – bei Manelis verkehrten fast ausschließlich Männer – koscher zubereitete Speisen zu sich nehmen konnten.

Ansonsten wurde bei Manelis – wie in jeder anderen Kneipe auch – vor allem Bier getrunken und Karten gespielt.

Exotisch schon am Eingang zum »Café Oriental« das vielfarbig schillernde Gewerbeschild (um 1912).

MILCHHALLE

Katharinenstraße 27

Über 100 solch kleiner Milchhandlungen (135 im Jahr 1930) gab es um 1900 in Leipzig, von denen die Gastwirte, vor allem aber die Kaffeehausbesitzer, ihren täglichen Bedarf bezogen. Nur die großen Hotels und Restaurants wurden direkt beliefert, zum Beispiel von Rittergütern wie dem Gräflich Hohenthalschen von Dölkau (das um 1880 auch zweimal in der Woche – dienstags und sonnabends – frische Butter lieferte).

Der Begriff Milchhalle bedeutet nicht, daß der Verkaufsraum so groß wie eine Halle war, sondern daß er – der Hygiene wegen – bis unter die Decke gekachelt wurde.

»Milchhalle« in einem der für die Leipziger Innenstadt typischen Innenhöfe, die von zwei Straßen her zugänglich sind (um 1885).

Das »Café National« im Salzgäßchen (um 1917).

CAFÉ NATIONAL

Salzgäßchen 7

Kleine Marmortische und leichte Bugholz-stühle, letztere von der Firma Michael Thonet in den böhmisch-mährischen Wäldern millionenfach hergestellt, gehören um 1900 zum absolut verbindlichen Design im mitteleuropäischen Kaffeehausgewerbe.

Da machte auch der Betreiber des neuen *Café National*, das nach der Schließung des alten (1913, s. S. 30) hier in Erdgeschoß und erster Etage eröffnet wurde, keine Ausnahme. Bemerkenswert war die moderne Deckenbeleuchtung (Gebäude 1943 zerstört).

WALD-SCHÄNKE

Reichsstraße 16

Blauer Himmel und Landschaft mit Bäumen – so lautete wohl der Dekorationsauftrag für das kleine, schon vor dem Ersten Weltkrieg existierende Hinterhof-Konzertetablissement *Wald-Schänke*, das sich bis in die dreißiger Jahre im Hof eines Hauses befand, in dem ansonsten auf allen Etagen gesteppt und genäht (Lederwarenfabrik Erselius), geklebt (Briefumschlagfabrik) oder »geputzt« (Damenhutfabrik) wurde. Bei Gastwirt Franz Zahn spielten am Wochenende Zither-, Klampfen- oder Blaskapellen und sorgten für gemütliche Schunkelstimmung.

Eine »Wald-Schänke« mitten in der Stadt (1930).

Eröffnung im Neubau, Anzeige (1909).

CAVES DE FRANCE

Reichsstraße 8

Daß man sich als Weinhändler unterschwellig gegen den Vorwurf der Weinpanscherei zur Wehr setzen mußte, weiß man nicht erst seit dem Glykol-Skandal vor wenigen Jahren. Oswald Nier jedenfalls, Weingroßhändler und Weinwirt von *Caves de France* (Französischer Keller) vor 100 Jahren in Deutrichs Hof (gleichzeitig oder vorher im Salzgäßchen 7), ließ bei Geschäftseinführung vorsorglich gleich an die Scheibe schreiben, daß das, was er aus Nîmes und Marseille importiert hatte, »chemisch untersuchter reiner französischer Wein« sei. »Chemisch untersucht« war damals ein Zauberwort der Qualitätsaussage, wie es heute etwa das Prädikat »biologisch angebaut« ist.

Unabhängig davon, ob ein Restaurateur Schlachtfleisch »mikroskopisch« oder ein Weinhändler seinen Wein »chemisch« untersuchen ließ – beide nutzten die Aussage als Reklamevorteil.

Das Haus rechts neben Deutrichs Hof (1943 zerstört) wich 1908/09 dem Riquet-Haus, das, 1996 in alter Schönheit wiedererstanden, auf zwei Etagen heute das *Café Riquet Haus* und unter der Erde einen Weinkeller beherbergt, in dem es auch wieder Weine von der Rhône gibt.

Eingang zu Deutrichs Hof mit »Caves de France«, rechts heute Riquet-Haus und Specks Hof (um 1900).

Blick in die Reichsstraße mit Riquet-Haus (um 1935).

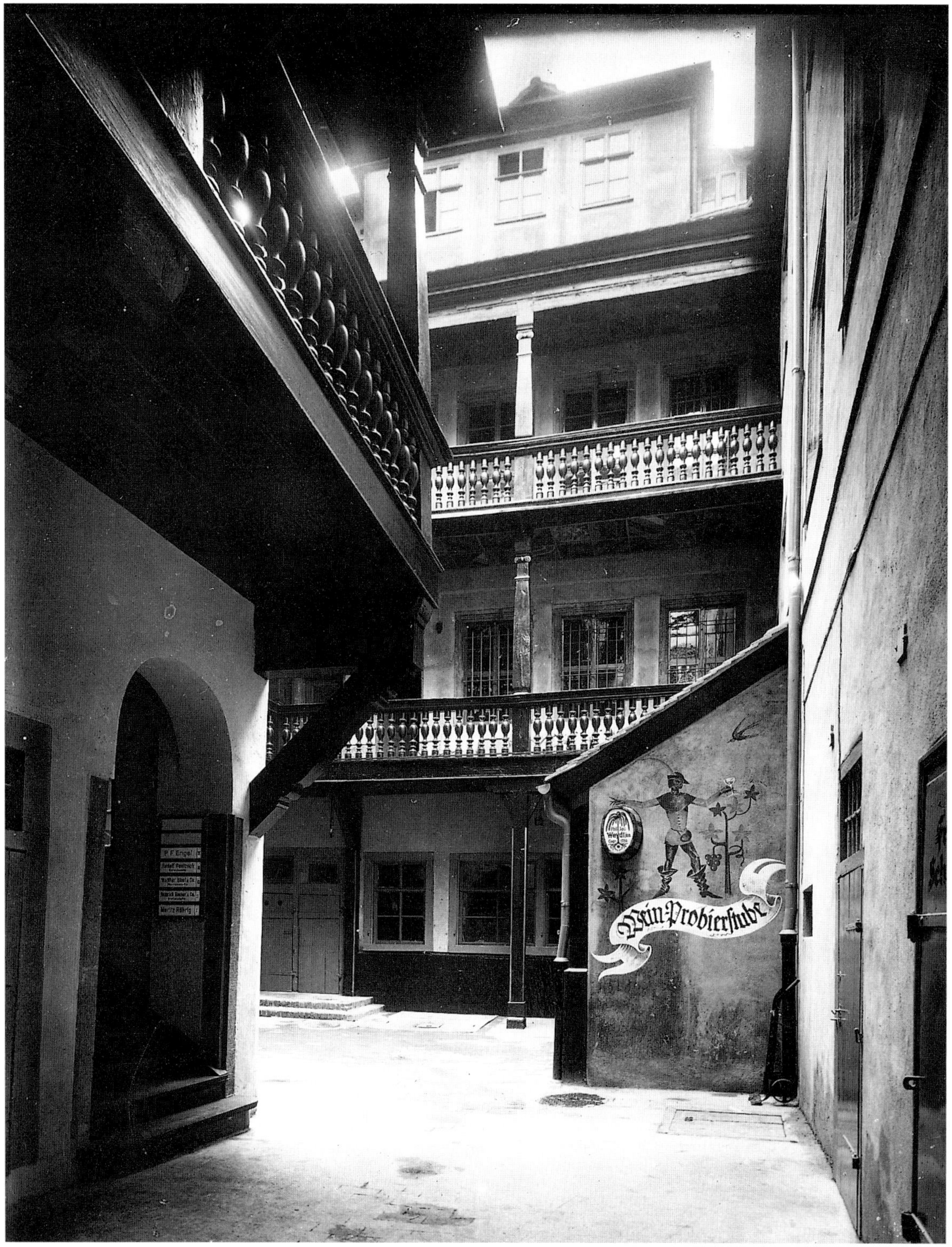

Vor allem Weine aus dem Rheingau offerierte die »Weinprobierstube Weydt« im Alten Hof (um 1900).

Annonce im Leipziger Kalender (1907).

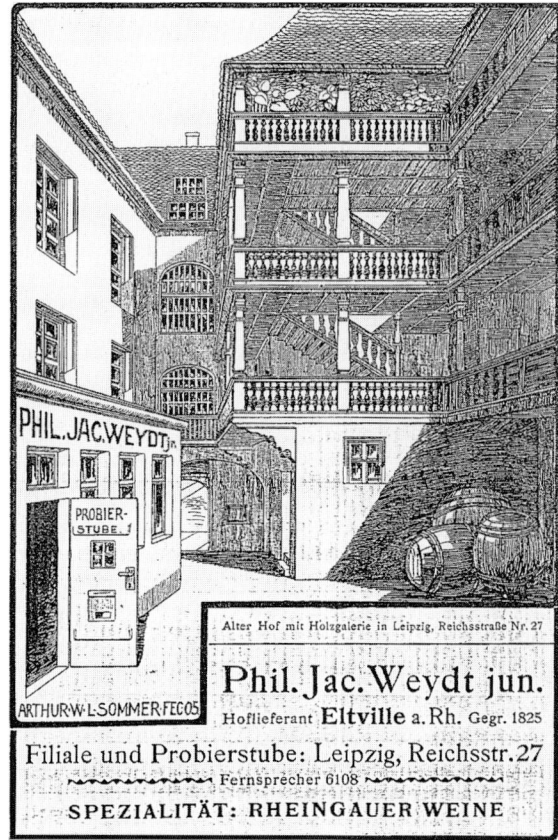

WEINPROBIERSTUBE WEYDT

Reichsstraße 27

So klein die Probierstube (kein Gastgewerbebetrieb im engeren Sinne), so groß die Auswahl edelster Tropfen aus aller Herren Weinländer, die das altehrwürdige Handelshaus Phil. Jac. Weydt (gegründet 1780 in Eltville/Rhein, Juniorgründung 1825, um 1900 Aktiengesellschaft) in den Kellergewölben seiner Leipziger Filialen eingelagert hatte – vor allem Weine aus dem Rheingau.

Der malerische Innenhof gehörte mit seiner Holzarchitektur aus dem 17. Jahrhundert (1928 restauriert, 1943 zerstört) zu den schönsten in der Stadt. Die massiven Hofgalerien in der Reichsstraße und im Brühl dienten nach 1900 zunehmend weniger der Frischlufterholung für die Hausbewohner, sondern in erster Linie als Unterlage zum Zurichten und Klopfen der Pelze, die auch aus aller Herren Länder zum Verarbeiten nach Leipzig gebracht wurden.

Einer der winzigen Verschläge im »Taubenschlag« mit hauseigener Erinnerungstafel (um 1930).

TAUBENSCHLAG

Goldhahngäßchen 6

Wer als Student um 1900 im Goldhahngäßchen nicht in der durch und durch »löwig« ausgestatteten *Löwenschänke* (im Goldhahngäßchen 1) hängenblieb, tat dies aber dann gewiß wenige Schritte weiter im *Taubenschlag*.

Die um 1880 unter diesem Namen gegründete kleine Kneipe wurde bis nach 1900 vom Hauseigentümer Franz A. Schötz betrieben, der seine Gäste in mehreren Zimmerchen mit Speis und Trank (Krostitzer und Lichtenhainer Bier) bewirtete. Im Juni 1912 schreibt Franz Kafka von der Wirtsfamilie Schötz in sein Tagebuch: »Der schwer bewegliche langbärtige Biervater. Seine Frau schenkt ein. Zwei große starke Töchter bedienen … Viel stark verbundene Studenten in Leipzig. Viel Monokel.«

Deutlicher klingt einige Jahre später das, was Joseph Roth – im September 1922 als Gerichtsreporter für einige Tage in Leipzig, um vom Prozeß am Reichsgericht gegen die Mörder Rathenaus zu berichten – beobachtete:

»Den Charakter und die Gesinnung einer deutschen Stadt lernt man in der Nacht kennen. Und auch die Polizei… In der Nacht besteht Leipzig aus Rathenaumördern und solchen, die es werden wollen. Drei Nächte hintereinander hörte ich Studententrupps durch die Stadt ziehen. Sie kamen aus dem Goldhahngäßchen, wo sich der *Taubenschlag* befindet. Die germanische Jugend schrie: Nieder mit der Judenrepublik. Ebert ist ein Schwein. An die hundert Leipziger gingen vorbei und ließen's sich gefallen. Ein Schutzmann pendelte auf und ab, königliche Gesinnung in den Ohren.«

Schwarzes Brett

Goethestraße 3 / Ritterstraße 10

Dies war der Hinterausgang des *Schwarzen Bretts* bis zum Jahr 1910 (Gebäudeabbruch). Wer dort logierte, passierte dieses Tor, um in die Stadt zu gehen.

»Ich muß fliehen … mein sonst einsames schwarzes Brett zu verlassen«, beklagte Gellert in einem Brief (3.12.1760) den erneuten belagerungsähnlichen Zustand seines Quartieres. Der universitätseigene Gebäudekomplex (*Großes Fürstenkolleg*), in dem Gellert eine kleine Kammer bewohnte, war wie schon im November/Dezember 1758 von Soldaten mit Beschlag belegt worden, die im Hof wuschen, kochten, brieten und ihre verletzten Kameraden betreuten. Sachsen lag im Krieg mit Preußen. Friedrich der Große war in der Stadt: »zu Gast in Leipzig« auf besondere Weise!

Schon im 18. Jahrhundert wurden im *Schwarzen Brett* (benannt nach den Schiefertafeln, auf denen aktuelle Mitteilungen standen) regelmäßig Studenten verköstigt. Regulären Gastgewerbebetrieb scheint es aber erst nach 1800 gegeben zu haben. In den Adreßverzeichnissen tauchen Speisewirtschaften und Schankbetriebe im *Schwarzen Brett* erst ab 1815 regelmäßig auf.

Ende des 19. Jahrhunderts wurde das Gebäude in ein *Hotel Zum Schwarzen Brett* (Abbruch 1910) umfunktioniert: In gewisser Weise war es dies schon immer, wenn man an die Pensionisten der Universität denkt.

Blick von der Nikolaikirche (rechts) zur Toreinfahrt des »Schwarzen Bretts« (1908).

Blick in das »Café Dettloff« (um 1919).

CAFÉ DETTLOFF

Nikolaistraße 28-32

Inmitten des Pelzquartiers gelegen (in unmittelbarer Nachbarschaft gab es Mitte der zwanziger Jahre mehr als 700 Pelzfirmen und nahezu wöchentlich eine Pelzauktion!), gehörte das *Café Dettloff* in Steibs Hof (1908 erbaut) hinsichtlich des Publikums zu den berühmtberüchtigten »Pelzcafés« der Innenstadt. Für

Anfang Dezember 1913 wird aus diesem Kaffeehaus folgende Anekdote erzählt:

Am Tisch sitzt ein stadtbekannter Rauchwarenhändler mit seiner teuren Gattin. Er hat Ragoût fin bestellt und findet doch tatsächlich ein Haar darin.

Er: »Gellner!«

Kellner: »Se wünschen?«

Er: »Sään Se das hier?«

Kellner: »Hä?«

Er: »Ob Se das Haar hier sään?«

Der Kellner beugt sich über das Ragoût fin und sieht das Haar. Er nimmt dem Herrn die Gabel aus der Hand, fischt damit das Corpus delicti heraus, betrachtet es intensiv – und legt es auf die Pastete zurück!

Dem Aufschrei »Das is ja unerhöörd!« entgegnet der Kellner gelassen:

»Blääk'n Se hier nich so rum. Ich weeß ganz genau, daß mir geene Zobel, weder lewendsche noch abgemurgste, in d'r Güche ham!«

DORFKRUG / BAUERNSCHÄNKE

Nikolaistraße 5

In den Jahren 1903/04 richtete Max Köhler, der bis dahin im Leipziger Gastwirteverzeichnis nicht aufgetaucht war, an der Nikolaikirche einen *Dorfkrug* ein, dessen originelle Komplettausstattung mit hoher Wahrscheinlichkeit einer der vorangegangenen Bauausstellungen entlehnt, wenn nicht sogar direkt von dort übernommen worden war. Die sofortige Nachahmung der Dekoration veranlaßte ihn bereits 1904, sein Bierrestaurant deutlich als *Erste Leipziger Bauernschänke* mit den Räumen »Schänke zum Roten Ochsen« und »Vogtländische Bauernstube« von der Konkurrenz abzugrenzen.

Maxl Köhler, der selbst Zither spielte, machte sein Restaurant, das bis zur Errichtung von Specks Hof existierte, zum »Leipziger Zither-Heim« – mehrmals in der Woche »zitherten« hier die Wände vor Klang- und Sangeslust. Mit dem Neubau von Specks Hof war es mit der bäurischen Installation an dieser Stelle vorbei – nur wenige Schritte weiter gab es dann allerdings schon die nächste *Bauernschänke* (Nikolaistraße 10), deren Betreiber Emil Mißbach bis zum Ersten Weltkrieg in seine »weltbekannten Katakomben und Bleihöhlen Sibiriens« zu preiswerter Küche und gepflegten Bieren einlud.

Der Raum »Zum Roten Ochsen« im »Dorfkrug« (um 1905).

Vogtländische Bauernstube im »Dorfkrug« (um 1905).

ELEFANTEN-SCHÄNKE

Nikolaistraße 6

Um 1900 herum – Leipzigs Innenstadt war ein permanenter Bauplatz ähnlich wie heute – machte man in der Gastronomie wirklich vor nichts halt. Zwei Jahrzehnte währte das Dasein der *Elefanten-Schänke* mit der an die Wand geschriebenen und gemalten Speisekarte, deren »Rohstoffe« im wahrsten Sinne des Wortes dem Zoologischen Garten entsprungen sein mußten, wenn das Stammessenangebot denn ernst gemeint gewesen wäre. Mit humorigem Augenzwinkern lautete das tägliche Angebot (Portion 50 Pfennig):

> Erbssuppe mit Elefantenohr
> Walfisch blau
> Elefantenklein mit Reis
> Gedämpfter Affe mit Kraut
> 1/32 Strauß gebacken
> Zebraschnitzel
> Elefantenschinken in Maisbrotteig
> Elefantenrüssel in Gelee
> Känguruhnieren am Spies
> Gefüllter Papagei
> Indisch Eis

Bei der Eröffnungsparty kurz vor 1900 (Inhaber Robert Schlegel) soll es das alles tatsächlich gegeben haben! Affe und Papagei landeten später nicht wieder auf den Gästetellern, was man von Wal, Strauß und Elefant allerdings nicht sagen kann.

Oben: »Elefanten-Schänke« (um 1920).

Unten: Das Gegenteil ist aber auch vorgekommen – ein Elefant als Gast in einem Leipziger Wirtshaus (Holzschnitt, 1829).

Eingang zur Münchner Brauereigaststätte »Zum Franziskaner« (1912).

CAFÉ HELVETIA

Am Hallischen Tor 7

Als letzte der seit Ende des 18. Jahrhunderts in Leipzig von eingewanderten Schweizern gegründeten Konditoreien machte das *Café Helvetia* ab 1859 seinem Namen alle Ehre. In den siebziger/achtziger Jahren des 19. Jahrhunderts genoß es als Hochburg der feinen Patisseriekünste einen hervorragenden Ruf. Der aus Davos stammende Zuckerkünstler Kilian Valär (1814–1891), seit 1844 bei Kintschy im Rosental als Geschäftsführer tätig, eröffnete am 15.3.1859 das *Helvetia* als Familienbetrieb. In zwei kleinen Zimmern fanden 30 Gäste Platz. Der Andrang war meist so groß, daß viele eben auch keinen Platz fanden. Bis 1907 blieb das *Café Helvetia* im Valärschen Familienbesitz. Unter der Regie von Ziesing & Co. 1907 modernisiert, gehörte die Konditorei weiterhin zu den allerbesten Adressen im Stadtzentrum (Gebäude 1943 zerstört).

ZUM FRANZISKANER

Nikolaistraße 39/45

Im Jahr 1912 fielen die Gerüste vom Neubau dieses großen Pelzgeschäftshauses das seinen Hausnamen Blauer Hecht vom Vorgängerbau, dem Gasthof *Blauer Hecht* erhielt (Nr. 43, seit 1551 belegt, zuletzt von R. Feudel betrieben).

Mitte der zwanziger Jahre hatten sich 34 Pelzfirmen eingemietet, deren Mitarbeiter nur die Treppen hinuntergehen mußten, um das preiswerte Stammessen beim *Franziskaner* einzunehmen. Das Franziskaner Leistbräu aus München hatte eine Großgaststätte mit eigener Fleischerei eingerichtet, die täglich über 1500 Mittagsportionen ausgab. Hinter der Fassade befinden sich heute Verkaufsflächen anderer Branchen.

Blick in das »Café Helvetia« (um 1910).

Rechts: Am Hallischen Tor vor dem Neubau des Union-Messehauses, links »Hotel Goldenes Sieb« (Nr. 3), in der Mitte der Eingang zum ehemaligen Gasthof »Zum Halben Mond« mit griechischer »Weinstube Agnastopoulos« und Hofkneipe »Vollands Bierstube« (Nr. 5), rechts »Café Helvetia« (1921).

RESTAURATION AUGUST LÖWE

Nikolaistraße 51

Als der Restaurateur August Löwe in den sechziger Jahren des 19. Jahrhunderts im »Leipziger Tageblatt« seine üblichen aktuellen Angebotsannoncen aufgab, in der er das Lagerbier aus der Vereinsbierbrauerei Leipzig (Braustraße) und je nach Saison Speckkuchen oder Allerlei anpries, ahnte er wohl nicht, daß sich in seinem Hinterzimmer ein später weltberühmter Mann mit ganz anderen Problemen beschäftigte. Friedrich Wilhelm Nietzsche: »Hier im gewölbten Raum konnte ich, nachdem ich die erste Schüchternheit überwunden hatte, kräftig und mit Nachdruck mich ausgeben und hatte auch den Erfolg, daß meine Freunde den größten Respekt vor dem Gehörten äußerten«, erinnerte er sich später an seinen ersten Vortrag im Philologischen Verein, dessen Vereinslokal Löwes Bierrestaurant war.

Während im Vorderzimmer Soleier und Speckkuchen verzehrt wurden und literweise Bier oder Gose durch die Kehlen floß, sprach der ästhetische Nietzsche im Hinterzimmer über altphilologische Probleme bei der Endredaktion von Sprüchen des Theognis!

Bei späteren Aufenthalten in Leipzig – Nietzsche wohnte 1882 und 1883 in der Auenstraße 32 bei einer Familie – zog es den Philosophen kaum noch hierher:

Er spazierte lieber im Rosental und trank bei *Kintschy* Kaffee statt bei *Löwe* (bzw. seinem Nachfolger) Bier.

Blick in die Nikolaistraße mit der ehemaligen »Restauration Löwe«, das Haus mußte dem Neubau des Pelzhauses von Selter & Weinert weichen, das bis heute steht (um 1905).

BOLS AUSSCHANK

Petersstraße

Unter dem halben Dutzend feiner Likörstuben, die es nach 1900 in der Innenstadt gab, gehörte der *Bols Ausschank* (dessen genauer Standort nicht ermittelt werden konnte) zu denen, deren Ausschankpalette von nur einer Firma stammte. Hier ist es die Firma Bols vom Niederrhein, deren Destillate von A(nis) bis Z(wetschgen) reichen.

Wer seine Dame nicht hierher, sondern in eines der gehobenen Berliner Destillen-Restaurants von Mampe (unter anderen *Mampes Gute Stube*) führte, konnte sicher sein, daß sie auch dort der Einladung zum Kirschlikör nicht widerstehen würde.

»Mampes Gute Stube« in der Grimmaischen Straße 20 (um 1930).

Gastraum der Likörstube »Bols Ausschank« (um 1910).

HOFMANNS BIER- UND FRÜHSTÜCKS- STUBE

Petersstraße 15 / Neumarkt 16

Mehr als 30 solcher kleiner Bier- und Frühstücksstuben hatten in den zwanziger/dreißiger Jahren im Stadtzentrum ihr Auskommen. Diese befand sich in der prächtigen Barockanlage von Hohmanns Hof (1943 zerstört) zwischen Petersstraße und Neumarkt (heute etwa Messehofpassage).

Während der Messen wurde hier – wie in den anderen kleinen und großen Restaurants häufig auch – das Geld für die übrigen flauen Monate mit verdient. Der Gastwirt F. Hofmann zapfte Bauer Bier, ein echtes Leipziger Stadtbier, das von Ernst Bauer im Täubchenweg gebraut wurde (seit 1993 an Ort und Stelle als Familienbrauerei wieder installiert).

»Hofmanns Bier- und Frühstücksstube« in den schönen alten Gewölben von Hohmanns Hof (um 1925).

Zum Blauen Engel / Hotel de Russie / Hotel Reichskanzler

Petersstraße 20

Von 1520 bis 1918 wurde in nahezu ununterbrochener Reihenfolge auf diesem Flurstück in der Petersstraße beherbergt, beköstigt – und gehandelt. Das erste Meißner Porzellan soll im Gasthof *Zum Blauen Engel* (1602 erstmals so genannt) als noch rotes Böttgersteinzeug 1710 hier über einen Verkaufsladen gewandert sein. Prominentester Gast nach August dem Starken, der nachsah, wie sich sein Porzellan anließ, war 1801 Friedrich Schiller.

Im Zuge von Um- und Ausbau zum modernen Übernachtungsbetrieb erhielt das Gebäude im Jahr 1818/19 im Gedenken an die russischen Verbündeten während der diversen Völkerschlachten den Namen *Hotel de Russie*. Daß Nomen nicht immer Omen sein muß, bewies der Inhaber, der es ab 1819 führte: Sein Name war Unrein, sein *Hotel de Russie* das Gegenteil.

Im Jahr 1869 wurde das Hotel von Grund auf neugebaut, prächtigst ausgestattet und erhielt durch historistisches Face-Lifting das Antlitz, das auf dem Foto zu sehen ist.

Von einheimischen Vereinen (z.B. dem Bicycle-Club 1895) abgesehen, gehörte vor allem das internationale Kaufmannspublikum zur Stammkundschaft im *Hotel de Russie*, das 1914 kurzzeitig in *Russischer Hof*, ab 1915 in *Hotel Reichskanzler* umgetauft und 1918 endgültig geschlossen wurde, weil das Gebäude zum Messehaus Reichskanzler aufstieg (Abbruch 1928 für Neubau Petershof).

Das 1869 neu erbaute »Hotel de Russie« (bis 1914), danach bis 1918 »Hotel Reichskanzler« (um 1920).

Der »Goldene Arm« kurz vor dem Abbruch (1878).

GOLDENER ARM

Petersstraße 28

Als dieser alte Gasthof im Jahr 1878 abgebrochen wurde, hatte er vermutlich schon zwei Jahrhunderte gastgewerblicher Betriebsamkeit hinter sich. Prominentester Gast unter seinem Dach (alte Nr. 15) war der Schriftsteller Jean Paul. Eine Gedenktafel erinnerte am Nachfolgebau des modernen Geschäftshauses daran.

In den Neubau von 1879 zog auch die Gastronomie, bis kurz nach 1900 wieder unter dem Namen *Goldener Arm* mit ein. In den zwanziger/dreißiger Jahren mit dem Wechsel des Bierlieferanten zum *Kapuzinerkloster* ausgebaut, wurde der Betrieb lange Jahre vom Wirt Fritz Sommer betrieben.

In jüngster Zeit, genauer am 27.2.1996, wurde auch dieser Nachfolgebau abgebrochen und durch einen Neubau ersetzt.

Das Jean-Paul-Memorial soll geborgen worden sein.

KAFFEEHAUS DREI KÖNIGE

Petersstraße 32/34

Von einem Gasthof *Zu den Drei Königen* (ab 1680 erwähnt) erhielt der Messepalastneubau seinen Namen Drei Könige (erbaut 1915/16). Die neueingerichtete Konditorei-Filiale der Firma Ziesing & Co. hieß ab 1916 ebenso, allerdings ganz deutsch *Kaffeehaus Drei Könige* (das französische Wort »Café« wurde bekanntlich nach Kriegsausbruch 1914 allseits eliminiert) und wurde von dem Konditoreiunternehmen Ziesing & Co. in den Kriegsjahren so gut es ging beliefert.

Im Januar 1925 – die »letzten Fesseln der Zwangswirtschaft für das Konditoreigewerbe« waren 1924 aufgehoben worden – wurde an das Vorkriegsniveau angeknüpft. Der Slogan des Hauses war der Literatur entlehnt: »Die Entdeckung einer neuen Torte beglückt die Menschheit mehr als die Entdeckung eines neuen Planeten.« Kein Wunder, daß die Café-Konditorei *Drei Könige* in den zwanziger Jahren als der »Rumpelmeyer der Petersstraße« bezeichnet wurde, denn in ihren Kühltruhen standen z. B. folgende Köstlichkeiten:

Gediegene Eleganz im »Kaffeehaus Drei Könige«, das sich im Erdgeschoß befand (um 1925).

Mit Buttercremefüllung: Mokkatorte, Nußtorte, Bismarcktorte, Pralinentorte, Orleanstorte, Dobostorte, Maronentorte, Sachertorte, Viktoriatorte, Havannatorte, Japantorte, Mignontorte …

Mit Fruchtfüllung: Brottorte, Wiener Torte, Punschtorte, Paganinitorte, Harlekintorte, Linzer Torte …

Sahnetorten: Baisertorte, Brabanter Torte, Kassler Torte, Blätterteigsahnetorte, Splittertorte …

Ungefüllte Torten: Leichte Sandtorte, Schwere Sandtorte …

Kuchen: Obstkuchen, Cremekuchen, Buttercremekuchen …

Eisbomben: Abukir, Aida, Alhambra, Brasilien, Ceylon, Chateaubriand, Zarin, Holland, Formosa, Herzogin, Diplomat, Marschall, Mercedes, Tuttifrutti …

Figureneis: Fruchtschale mit Delphin, Schiff mit Blumen oder Früchten, Schweizerhäuschen (beleuchtet), Max und Moritz, Storch (für Tauffeste) …

Gasthof »Stadt Wien« vor dem Abbruch, rechts der Eingang zum populären Bier- und Weinrestaurant »Kitzing & Helbig« (1879/80).

STADT WIEN

Petersstraße 38

Altersschwach hockte das Gasthofsrestaurant *Stadt Wien* bis zum Jahr 1878 in der Petersstraße an etwa der Stelle, die danach von einem Passagenneubau, in dem sich unter anderem später das *Nacht-Asyl* befand, eingenommen wurde (1943 zerstört, derzeit noch Freifläche). Im Jahr 1822 zur respektablen Herberge ausgebaut, bespöttelten die Leipziger unverhohlen ihre »Voochelgääfche« (Erker) im ersten Stock, hinter deren Gardinen sich Messebesucher mit den Leipziger Bordsteinschwalben vergnügten – wie die Nichtbeteiligten vermuteten.

Weil neben althergebrachten »Kellern« ab Mitte des 19. Jahrhunderts »Tunnel« in Mode kamen, taufte der Betreiber Möbius um 1860 das Restaurant in *Deutscher Biertunnel Stadt Wien* um. »Heute empfehle ich Kitzinger Bockbier als etwas ganz Vorzügliches, nächstdem Pölbitzer Salvator-Bier so wie kalte und warme Speisen. Von 10 Uhr an Ragout fin en Coquille«, lautete 1862 sein verlockendes Angebot.

Zur selben Zeit sitzt nebenan eine »Verschwörer«-Runde beisammen: Als kreisbildende Persönlichkeit und Herausgeber der Wochenzeitung »Die Grenzboten« versammelte Gustav Freytag – sein Erfolgsroman »Soll und Haben« war bereits erschienen – nach 1860 bei *Kitzing & Helbig* die Vordenker und -schreiber eines geeinten deutschen Staates unter preußischer Führung um sich: Über Jahre verkehrten an diesem Stammtisch neben heute unbekannten Redakteuren auch Leipziger Kulturgrößen wie der Buchhändler Salomon Hirzel, der englische Diplomat und Kunsthistoriker J. A. Crowes und der junge Historiker Heinrich von Treitschke (bis 1863).

NACHT-ASYL

Petersstraße 38

Im Jahr 1902 schrieb Maxim Gorki »Na dne«, ein Jahr später erschien die erste deutsche Ausgabe unter dem Titel »Nachtasyl«, und einen Monat später gab es in Leipzig die Kneipe *Nacht-Asyl*. Da soll einer sagen, Literatur könne Wirklichkeit nicht beeinflussen. Der »Bittere« (Übersetzung von »Gorki«) hatte mit diesem Drama sein Publikum in Deutschland gefunden. Das Stück wurde in vielen deutschen Großstädten sofort gespielt und nicht nur in proletarischen Kreisen begeistert aufgenommen. Die Auseinandersetzung mit der Philosophie der tröstenden Lüge – wo hörte sie sich besser an, als in einer als Kaschemme herausgeputzten Kneipe, die auch von den Außenseitern der bürgerlichen Gesellschaft frequentiert wurde. In den zwanziger Jahren preist der »Asylvater« Richard Köhler seine »schaurig-schöne Schreckenskammer« unter der offiziellen Bezeichnung *Bauernstübel* an.

Wenige Schritte weiter ging es in der Passage wesentlich vornehmer zu. Stand im *Nacht-Asyl* der scheinbar proletarische Gorki als Übervater Pate, so orientierte man sich bei *Kitzing & Helbig* in den zwanziger Jahren mehr am klassischen Erbe Frankreichs: Jeden Mittwochabend tagte der Club Molière, unter dessen Fittichen die für Sachsen besonders schwierige Kunst »französischer Conversation« gepflegt wurde. Über echte Fittiche und Sittiche redete man hier allerdings auch (manchmal wurden sogar welche mitgebracht) – der Ornithologische Verein tagte dienstags ab 20.00 Uhr (Gebäudekomplex 1943 zerstört).

Das Gorki-Zimmer im Restaurant »Nacht-Asyl« (1903).

Reklamezettel (um 1920).

CAFÉ BITTNER

Schloßgasse 2 / Petersstraße 48

In dem 1887/88 errichteten prachtvollen Geschäftshaus (Architekt Arwed Roßbach) war von Beginn an auch an eine gastronomische Nutzung als Kaffeehaus im Wiener Stil (Eckgrundriß) gedacht. Nur gut 20 Jahre allerdings florierte ein solch großes Café unter Ferdinand Bittner – und dies auch nur im ersten Stock – mit Billardzimmer, Lesezimmer und Kaffeesalon. Die sonstigen Familien, die in Klingers Haus Gastwirtschaft betrieben (u.a. Bach, R. Fischer), bewirtschafteten wesentlich weniger Fläche oder verzichteten von vornherein auf Anmietung – der hohen Gewerbemieten wegen, damals wie heute.

Links der Eingang zum »Café Bittner« in der Schloßgasse (um 1920).

BURG-KONDITOREI

Burgstraße 14

Mehrfach gab die altehrwürdige Burgstraße (benannt nach der noch ehrwürdigeren alten Pleißenburg, heute Neues Rathaus) ihren Namen an sich hier ansiedelnde Gastbetriebe weiter, unter anderem um 1900 an das *Café zum Burgschlößchen* (Nr. 18) oder an das Restaurant *Zur Burg* im Erdgeschoß des gleichen Hauses, in dem sich seit Anfang der zwanziger Jahre das elegante kleine Café *Burg-Konditorei* im zweiten Stock befand. Aus dem Restaurant *Zur Burg* war Mitte der dreißiger Jahre eine *Patenstadt Kreuznach* geworden, die *Burg-Konditorei* gab es dagegen immer noch.

Neben Makronen-, Spritz-, Pfann- und anderen Kuchen verzauberten die Konditormeister hier russische und amerikanische Rauchwarenhändler, die zu den Stammgästen gehörten, durchaus hintergründig mit süßen Pelztieren aus Marzipan, sahnigen Schillerlocken und Puschkintorte.

Kaffeehaus »Burg-Konditorei« (1920).

Burgstraße in Richtung Thomaskirche, rechts »Thüringer Hof«, Mitte links Eingang zur »Burg-Konditorei« (um 1935).

Eingang zum »Ratskeller« (um 1910).

RATSKELLER

Burgplatz

Leipzig dürfte eine der ganz wenigen Städte sein, die erst im 20. Jahrhundert einen *Ratskeller* erhielten. Was in nahezu jedem anderen deutschen Rathaus – im Keller oder Erdgeschoß – seit dem 16./17. Jahrhundert verbindlich war, ist in Leipzig beim Bau des (Alten) Rathauses 1556 möglicherweise einfach vergessen worden. Vielleicht hielt der bürgerliche Renaissancefürst Hieronymus Lotter, offiziell Bürgermeister, nebenberuflich Architekt, die

Ratsherren-Trinkstuben an den wechselnden Standorten auch für ausreichend. Gleichsam als ob der Stadtrat sich Ende des 19. Jahrhunderts für den bisherigen Mangel schadlos halten wollte, wurde der *Ratskeller* unter städtischer Regie im Neuen Rathaus (erbaut 1899-1905 von Hugo Licht) mit verschiedenen Galerien in durchaus repräsentativer Größe angelegt.

Dem Vorbild der bedeutendsten deutschen Ratskeller (z.B. Bremen) nacheifernd, sollte nur Wein ausgeschenkt werden, was aber auf Dauer nicht klappte, weil das »edle Leipz'ger Bublikum« nicht mitmachte. Gott Bacchus, am Kellerportal von schönsten Weingirlanden eingerahmt, lächelte am *Ratskeller* vergeblich! Sehr bald gab es nicht nur in der (öffentlich zugänglichen) Betriebskantine Bier vom Leipziger Riebeck-Konzern, sondern auch im großen Kellerrestaurant.

Als das Neue Rathaus 1905 offiziell eingeweiht wurde, hatte der *Ratskeller* (eröffnet am 1. Oktober 1904) bereits seinen ersten Namenstag gefeiert. Beim mittäglichen Festmahl zur Rathausweihe am 7. Oktober 1905 – sogar der sächsische König war angereist – konnte

also nichts mehr schiefgehen. Die Speisen- und Weinfolge lautete ab 13.30 Uhr:

> Kraftbrühe von Eiern / Madeira
> Saiblinge aus dem Königssee mit frischer Butter / Graacher Thürlay 1893
> Kalbsrücken mit Leipziger Allerlei / Chateau Poujet Cantenac 1896
> Frischer Hummer mit Ravigotte-Sauce / Marcobrunner 1893
> oder
> Fasan mit Schaumweinkraut / Wachenheimer Dreispitz 1900
> Eingemachte Früchte, Salat
> Prinzeßbohnen mit Champignons / Chateau d'Aux Talbot cru St. Julien 1893
> Eis, Käse, Früchte, Kaffee und Likör

Wenn auch vielfach offizielle Gäste der Stadt in den *Ratskeller*, der derzeit modernisiert wird, geführt wurden und werden (zuletzt Queen Elizabeth II. im Jahr 1994), so gehört er doch seit 1904 bis heute zu den Restaurantbetrieben, von denen es heißt »gutbürgerliche Küche zu erschwinglichen Preisen«.

Ratskellerkantine »Alte Hauptwache« (um 1930).

Der Weinkeller des »Ratskellers« wurde vom Vorgängerbau, der alten Pleißenburg, übernommen und hat bis heute eine Gesamtfläche von fast 1000 Quadrat-
metern (um 1910).

THÜRINGER HOF

Burgstraße 19/23

Obwohl der *Thüringer Hof* erst im Biedermeier seinen Namen erhielt (am 1.10.1838 von dem aus Thüringen stammenden Gastwirt Friedrich Pietzsch) und vorher als öffentliche Herberge kaum genannt wurde, glaubte man sich hier in den scheinbar »historischsten«, der Hochrenaissance entstammenden, Gasthof Leipzigs versetzt.

Alles, was die Historie der Burgstraße und der drei zusammenwachsenden Flurstücke hergab (1428 erstmals erwähnt, bis 1703 als Freihof mit eigener Gerichtsbarkeit der Stadt gegenüber nicht steuerpflichtig, seit dem 15. Jahrhundert hin und wieder als Ausspanne und studentisches Internat – 1833 Robert Schumann – genutzt), wurde im Laufe von mehreren großen Umbauten im 19. und 20. Jahrhundert (1877, 1889, 1930–1935) sukzessive bis 1935 zum immer größer werdenden Memorial-Gesamtkunstwerk *Thüringer Hof* erschaffen, dessen Kurzbiografie lautet:

1838–1858 Friedrich Pietzsch
1858–1911 Familie Grimpe
1911–1943 Würzburger Hofbräu A.G. (Pächter 1912–1934 Andreas und Johanna Herrmann, 1934–1943 Betriebsführer Carlo Börner nebst »Gefolgschaft«)
4.12.1943 total zerstört (Bombenangriff)
1947–1971 nach Teilwiederaufbau (Lutherhalle) halbstaatlicher Betrieb (Brauerei Sternburg)
1971–1991 HO-Gastronom (staatliche Handelsorganisation der DDR)
1994/95 kompletter Abbruch einschließlich alter Unterkellerung
1996 Neueröffnung

Tief im Leipziger Gedächtnis verhaftet blieb das soziale Engagement von »Mutter Grimpe« (†1890), die über Jahrzehnte an die Ärmsten der Stadt ab 14.00 Uhr in einem Durchgang des *Thüringer Hofes* täglich und kostenlos Suppe und Brot verteilen ließ, was auch von ihrem Sohn bis 1911 fortgesetzt wurde. Von den Ausstattungsdetails, die Grimpes anfertigen ließen, sollen als Beispiel nur die hervorragenden Buntglasfenster genannt sein, die 1903 von der Firma Josef Stockinger (Scharnhorststraße) für insgesamt 328,– Mark (eine durchaus respektable Investition für damalige Zeiten) angefertigt wurden – die Rechnungsbücher sind erhalten, die Schablonen leider nicht.

Unter dem historisierenden Gewand steckte seit 1877, vor allem aber seit den Umbauten im 20. Jahrhundert ein straff geführter, moderner Großbetrieb mit Flaschenbierkellerei, Faßbiervertrieb (inkl. Fahrpersonal) und Gastwirtschaft mit eigener Fleischerei/Räucherei und Wäscherei/Plätterei. Weit über 100 Angestellte sorgten für das leibliche Wohl von über tausend Gästen, die sich in den dreißiger Jahren zu Messezeiten in den 16 Gaststuben im Erdgeschoß und im ersten Stock im Laufe eines Tages einzufinden pflegten.

Von A bis Z (Artillerie e.V. – Zweigverein Erzgebirge) reicht die Liste der studentisch-landsmannschaftlichen oder Militärvereine, der Briefmarkensammler, Kaninchenzüchter oder Wanderversammlungen abhaltenden ausländischen Touristen (vom Brooklyner Gesangverein bis zu schwedischen Journalisten), deren Mitglieder Woche für Woche, einmal im Monat oder einmal im Leben im *Thüringer Hof* Tische reserviert hatten.

Am 4. Dezember 1943 versank alles in Schutt und Asche – und »neues Leben blühte aus den Ruinen«. Die Kurzfassung: Vierzig Jahre DDR = vierzig Jahre Karl-Marx-Universität = vierzig Jahre Erholung von anstrengenden FDJ-Versammlungen im *Thüringer Hof*. Theologen, Ägyptologen und sonstige rigide studentische Persönlichkeiten gingen gleich hierher. 1947/48 war die erst 1935 ent-

Eingang zum »Thüringer Hof«.

standene Lutherhalle wiederhergestellt worden und tröstete bis 1991 über den Verlust des unwiederbringlich verlorenen *Thüringer Hofes* hinweg.

Sei April 1996 gibt es wieder einen »historischen« *Thüringer Hof*, dessen Wandverkleidungen und (gegipste) Gewölbeformen sich am Vorkriegsumbau (1932–35, Architekt Alfred Liebig) orientieren: Renaissance – diesmal in Beton! Die Gestaltung findet gleichermaßen Zustimmung wie Ablehnung.

Unbestritten ist dagegen das Engagement der neuen Pächter. Die aus Suhl und Sonneberg stammenden Gastronomen garantieren nicht nur wie vor 150 Jahren für »echt thüringische Küche«, sondern kümmern sich auch um die Hausgeschichte: Im August 1996 erteilten sie den Auftrag, das völlig vernachlässigte Grabdenkmal der legendären »Mutter Grimpe« instand zu setzen. Die neue Ära *Thüringer Hof* hat begonnen.

Blick in die Wolfsschlucht (benannt nach der »Freischütz«-Dekoration, Mitte hinten), umlaufender Wandfries mit Szenen aus der Leipziger Stadtgeschichte von Adolf Lehnert (Zeichnung, um 1910).

Die Würzburger Halle des »Thüringer Hofes« mit alter Holzgalerie (von Markt 6 stammend), ausgemalt 1935 von Ernst Block (1935).

Lutherhalle des »Thüringer Hofes«, 1947/48 wiedererrichtet (1935).

CAFÉ LUSTIGE WITWE

Preußergäßchen 11

Die eigentlichen Herbertstraßen von Leipzig hießen am Ende des 19. Jahrhunderts zwar Pleißengasse (1870 mit 14 Bordellen), Ulrichsgasse oder Sporergäßchen, aber auch das Preußergäßchen konnte mit seinen Tag-und-Nacht-Cafés (nur eins davon 1870 offiziell als Bordell registriert) durchaus mithalten – zumindest was die einschlägige Klientel betraf. Ob sich die kleinen Kneipen, eine an der anderen, nun *Café Rheingold*, *Café Lustige Witwe*, *Café Mikado*, *Café Austria*, *Café Goldfasan* oder *Restaurant Zum Zillertal* nannten – neben unterschiedlichem Bier (aus München, Bamberg oder Kulmbach) dürfte die Programmgestaltung »mit Damen« in allen ziemlich ähnlich gewesen sein. Mit dem Bau des großen Kaufhaustempels Althoff/Karstadt (rechte Straßenseite) war es mit den kleinen Venustempeln jedoch vorbei.

Heute geht man hier zwischen zwei unbelebten Kaufhausfassaden entlang.

Links liegt neu errichtet »Peeks Klamottenburg« (wie sich der Einheimische auszudrücken pflegt), wo bis 1990 in einer Imbißbaracke die besten Bockwürste Leipzigs für EVP (Einzelverkaufspreis) 0,85 M zu haben waren, rechts geht es seit 1991 wieder »nach Karstadt«.

Preußergäßchen in Richtung Neumarkt mit »Café Rheingold« und »Café Lustige Witwe« (um 1903).

CAFÉ AUSTRIA

Preußergäßchen 14

Jeder auch noch so kleine Gastwirt, der um 1900 einigermaßen bei Kasse war und für gute Reputation sorgen wollte, ließ zumindest bei Geschäftseröffnung oder -übernahme eine Postkarte seines Etablissements anfertigen, die er am Tresen verschenkte oder verkaufte. Viele Gaststätten kennen wir heute überhaupt nur von Postkartenansichten, so auch das *Café Austria.*

Der frischgebackene Inhaber Franz Biering (hinter dem Tresen) ließ sich im Kreise von Damen im Jahr 1901 ablichten, nachdem er das Etablissement von seinem Vorgänger H. Schmidt übernommen hatte.

Blick in das »Café Austria« im Preußergäßchen (1901).

SILBERNER BÄR

Universitätsstraße 22/24

Bierrestaurant »Silberner Bär« (um 1925/30).

Ein drittes Mal ist der Dichter von »Hier! – heeßt das, bis uff das Eene ähm: Bassiert is de Sache in Hause d'rnähm!« zu bemühen: Der junge Goethe verkehrte im Silbernen Bären bei Professor Oeser nicht hier, sondern im Nachbarflurstück Nr. 18 (Ecke Kupfergasse), das zu keiner Zeit ein Gasthof, sondern ausschließlich Wohnhaus war (1894 abgebrochen).

Nachdem ein Silberner Bär in respektvoller Erinnerung an den durchaus »jungen« Hausnamen (1765 von Breitkopfs Sohn erfunden) als Messehausneubau 1895/96 errichtet war (Nr. 18-24, 1943 zerstört), nannte noch vor 1900 der erste Pächter H. Klaus das darin eröffnete Bierrestaurant ebenfalls *Silberner Bär*, mit Hinweis auf Goethes angebliche Anwesenheit an dieser Stelle. Tatsächlich gewohnt hat Goethe von 1765 bis 1768 etwa 150 Meter weiter in der *Feuerkugel* (Neumarkt 3).

Im dritten Stock des Hauses befand sich 1930 das *Jüdische Jugendheim.* Wenn die Angehörigen der Jugendlichen im Hause anwesend waren, wußten sie die Küche vom Restaurant *Silberner Bär* zu schätzen, in dem in den zwanziger Jahren der qualifizierte Küchenmeister Fritz Lang das Sagen hatte. Einer der jüdischen Kalauer, die hier mehr als einmal erzählt werden, lautete: »Willkommen, Reb Schmul, in Leipzig! Warum hobt Er Euer Weib nicht mitgenommen?«

»Borchardtleben, es is ä alte Regel, mer soll sich uf de Reise nicht mitnehmen, was man unterwegs bekommen kann!«

NAUMANN-BRÄU

Neumarkt 21/27

Ein Dutzend alter Häuser – darunter der schon im 17. Jahrhundert bekannte Gasthof *Dresdner Hof* (Kupfergasse 12) – wurden 1912 abgebrochen, um einem weiteren Mustermessehaus Platz zu machen. Im 1913 eröffneten Messepalast Dresdner Hof baute sich die einheimische Naumann-Brauerei im Erdgeschoß ihre bis dahin größte Bier-, Konzert- und Speisewirtschaft in der Innenstadt aus. Anfangs war sie an Oskar Winckler verpachtet, und dieser hatte mit seinem Küchen- und Servierpersonal alle Hände voll zu tun – immerhin waren insgesamt mehr als 1000 Plätze vorhanden, die zeitweise mittags alle besetzt waren. Ein typisches Stammessen-Angebot solch großer Betriebe lautete zum Beispiel im Januar 1924:

Sonntag: Roastbeef (englisch) mit Prinzeßkartoffeln
Montag: Bayrische Kalbshaxen mit Kartoffelsalat
Dienstag: Mailänder oder Szegediner Gulasch
Mittwoch: Thüringer Klöße mit Hammelkeule, Sauerbraten oder Gänsebraten
Donnerstag: Schlachtfest (ab 10 Uhr), Wellfleisch, Schlachteplatte
Freitag: Fischspezialitäten oder Frikasse vom Huhn
Sonnabend: Schweinsknochen mit Kloß und Meerrettich

Mit der Universitätswiedereröffnung nach 1945 unter Karl Marx' Namen wandelte sich das *Naumann-Bräu* zum FDJ-Klubhaus *Kalinin* (bis 1991), das mittags und abends als Mensa (600-700 Plätze) diente. Ein studentisches Wochenmenü im Jahr 1968 lautete zum Beispiel:

Das Konzert- und Speiselokal »Naumann-Bräu« mit 1200 Sitzplätzen (1939).

»Naumann-Bräu« vor dem mittäglichen Ansturm (um 1915).

Montag: Nudelsuppe mit Huhneinlage, Kompott
Dienstag: Saure Eier in Senfsauce mit Salzkartoffeln
Mittwoch: Szegediner Gulasch mit Klößen

Donnerstag: Spiegeleier, Spinat, Salzkartoffeln
Freitag: Rindfleisch in Meerrettichsauce mit Kartoffeln, Krautsalat
Sonnabend: Spaghetti mit Tomatensauce und Jagdwursteinlage

»Café Monopol« im Messehaus Monopol / Zentralmessepalast (1914).

CAFÉ MONOPOL

Grimmaische Straße 10

»Lasziv und mondän« – lautete im Sommer 1912 das Urteil über das *Café Monopol*. Ein innerstädtischer Messepalast nach dem anderem entstand zwischen 1895 und 1929, und in jeden zweiten zog die Gastronomie mit ganzjährig betriebenen Kaffeehäusern oder Restaurants gleichfalls ein – im Keller, im Erdgeschoß oder, wie hier, in einer der oberen Etagen.

Bis 1925 befand sich im ersten Stock des Messehauses Monopol (ab 1926 zum Zentral messepalast gehörig) das gleichnamige *Café Monopol*, das bis 1912 von der Kaffee und Restaurant Monopol GmbH als Bierwirtschaft und Kaffeehaus (seit 1907 von Ziesing & Co.) betrieben wurde.

Nach Auflösung der Monopol GmbH (1912) wurde das beliebte Etablissement im ersten Stock ausschließlich als Kaffeehaus von dem Konditoreiunternehmen Franz Ziesing & Co. weitergeführt.

Die neueingerichtete »Kaffeehaus-Konditorei Naschmarkt« (1926).

KAFFEEHAUS-KONDITOREI NASCHMARKT

Grimmaische Straße 10

Im Jahr 1925/26 wurde der Zentralmessepalast (1912/14 errichtet) mit dem Messehaus Monopol baulich zusammengeführt. Im Zuge dieser Baumaßnahmen zog das Kaffeehaus vom ersten Stock in das Erdgeschoß und Souterrain um. Anstelle des alten *Monopol* wurde am 1.4.1926 die *Kaffeehaus-Konditorei Naschmarkt* eröffnet. Der Architekt und Bauherr Emil Franz Hänsel und der Pächter Ziesing & Co. ließen es in puncto Ausstattung an nichts fehlen. Das Modernste und Gediegenste war gerade gut genug für das 500 Personen fassende neue Musik- und Billardcafé in Leipzigs Innenstadt: Im Erdgeschoß Marmorfußböden und die Wände mit kanadischer Birke verkleidet. Im Souterrain befanden sich der Billardsaal (10 Tische) und die Backstube, deren technische Ausstattung auf Massenproduktion angelegt war.

In den fünfziger/sechziger Jahren als *Tanzcafé Naschmarkt* genutzt (250 Plätze), war mit dem Umbau zur HO-Schnellgaststätte *Naschmarkt Buffet* (bis 1991) von der alten Ausstattung nichts mehr übriggeblieben. Bis auf ein winziges Detail: Von 1907 bis 1992 hatte die rechte kleine Tür (zuletzt Wirtschaftseingang) ihr schmiedeeisernes Schmuckgitter mit dem mäanderumzogenen Namenszug »Kaffeehaus Ziesing« krampfhaft festhalten können. Mit der Umgestaltung zu einem Textilladen 1992 verschwand der letzte Rest der Originalgestaltung.

Der »Automat« in der Grimmaischen Straße (1910).

AUTOMAT

Grimmaische Straße 18 / Neumarkt 1

Automatenrestaurants sind in allen deutschen Großstädten um 1900 der neueste Schrei. Es gibt sie in exklusiven und volkstümlichen Varianten. Leipzig hatte im Jahr 1910 zehn, schon 1913 jedoch nur noch fünf davon: Das größte von der Leipziger Automaten-Gesellschaft betriebene befand sich in der Hainstraße 26.

Das hier abgebildete war wesentlich kleiner, dafür aber populärer (vgl. S. 61).

Neben herkömmlichem Kellnerservice hatte der Gast in den Automaten erstmalig die Möglichkeit, sich »selbst zu bedienen«, indem er aus münzbetriebenen Automaten Getränke, belegte Brötchen, Kuchen, Nüsse u.ä. holen konnte. Zum Automatenrestaurant gehören – auch wenn keine Speisespender vorhanden sind, was durchaus vorkam – in jedem Fall aber Dutzende von Spiel-, Musik- und Belustigungsautomaten, deren Attraktivität jung und alt in Bann zog. Anfang der zwanziger Jahre war es mit dem Automatenrestaurant-Boom endgültig vorbei. Seitdem stehen Spielautoma-

97

»Likör- und Weinstuben Vieweg & Städter« (um 1925).

ten als angenehme Neben-, aber kaum noch als Hauptsache in Gastgewerbebetrieben.

An gleicher Stelle befanden sich später die *Likör- und Weinstuben Kantorowicz* (1925 von Vieweg & Städter betrieben, 1929 als *Kaffeehaus Kantorowicz* geführt, Gebäude 1943 zerstört).

CAFÉ FRANÇAIS (FELSCHE)

Augustusplatz 4

Nachdem der Zuckerbäcker Wilhelm Felsche mit seiner biedermeierlichen *Conditorei-Waaren-Handlung Au bon goût* seit 1821 in Leipzig äußerst erfolgreich eingestiegen war, kaufte er den alten Schuldturm an der Promenade und baute »am Ende der Stadt« im Jahr 1835 ein großes öffentliches Café, wie es in Deutschland bisher keines gab. Nach Pariser Vorbild nannte er es *Café Français*, das, mehrmals um- und ausgebaut, von 1835 bis 1943 zu den attraktivsten Adressen in Leipzig überhaupt gehörte.

Wilhelm Felsche († 1867) und seine Nachfolger begründeten mit diesem Kaffeehaus, vor allem aber mit der immer umfangreicher werdenden Schokoladenfabrikation (ab 1841 in Reudnitz, ab 1845 hier im Keller, ab 1873 Schokoladenfabrik Felsche in Gohlis) den nationalen Ruf des Unternehmens, dessen Produkte sogar nach 1945 noch eine Zeitlang unter der Firmierung »VEB Felsche« verkauft wurden.

Obwohl der Firmengründer Wilhelm Felsche die zahlungskräftige Kundschaft mit feinsten »Deserts, Bonbonnieren, Atrappes« oder »geschmackvollen Weihnachtsausstellungen« (1835: 4 Groschen Eintritt) verwöhnte, so ist seinem sozialen Engagement andererseits auch die Gründung der *Städtischen Speiseanstalt* für die Ärmsten der Armen zu verdanken. Für den »höchst patriotischen und gemeinnützigen« Kaffeehausbesitzer Wilhelm Felsche mag eine Welt zusammengebrochen sein, als er im November 1848, in ehrenwertester Absicht unterwegs, eine Speiseanstalt für Arbeiter und Arme in Oschersleben zu gründen (in Leipzig war dies schon geschehen), nach seiner Rückkehr das *Café Français* gar »jämmerlich zertrümmert« vorfand. Was war geschehen? Felsche, der, wie er selbst schrieb, sich nie mit Politik befaßt hatte, konnte nicht begreifen, daß er sehr wohl »Politik« gemacht hatte, wofür er jetzt die Quittung erhielt: Am 9.11.1848 war der außerordentlich populäre Abgeordnete der Frankfurter Nationalversammlung Robert Blum bei Wien standrechtlich erschossen worden. Wut und Trauer seiner Anhänger in Leipzig gipfelten in der Verwüstung des *Café Français*, von dessen Besitzer man wußte, daß er als Stadtverordneter »bei der Parlamentswahl dem Bassermann statt dem Robert Blum seine Stimme gegeben« hatte.

Blick vom Augustusplatz zur Grimmaischen Straße, links das »Café Français«, rechts das 1911 errichtete Kaufhaus Bamberger & Hertz mit dem sich hinter Litfaßsäule und Zweigen versteckenden »Café Corso« in der ersten Etage (1912).

Auf dem Balkon des »Café Français«, dahinter das Neue Theater (um 1880).

Auch Felsches Nachfolger, die das Café immer aufwendiger ausgestalten ließen (u.a. 1877/78 von Constantin Lipsius), hatten mit ihrem ebenfalls nicht nachlassenden Konditoreiluxus hin und wieder ernsthafte Probleme. Der Werbeslogan vor und während des Ersten Weltkrieges lautete: »Felsche. Schokoladendüfte bis auf die Straße, daher keine Reklame.« In zunehmendem Maße stiegen diese Düfte der hungernden Bevölkerung in die Nase, so daß das Polizeiamt den Pächter am 20.7.1916 eindringlich warnte und ihn aufforderte, »Scheibengardinen zur Verhinderung des Anblickes der Leckerei verzehrenden Personen im Erdgeschoßraum anzubringen«. Auf Dauer nützte dies aber auch nichts, am 4.7.1923 wurde das Nobeletablissement Felsche von arbeitslosen Männern und Frauen gestürmt und zum Teil verwüstet, und am 18.10.1925 ging durch Brandstiftung ein Teil der Dekoration in Flammen auf. Geblieben sind vom *Café Felsche* (1943 zerstört) neben historischen Fotos und den Erinnerungen aller alten Leipziger eine stattliche Anzahl von Unterlagen aus den verschiedenen Umbauphasen, darunter die aquarellierten Wand- und Dekkenentwürfe von Hermann Wilhelm Cellarius für die erste Neugestaltung um 1860 (heute im Stadtgeschichtlichen Museum aufbewahrt).

CAFÉ CORSO

Goethestraße 1

Was für die heute 60- bis 80jährigen Leipziger die Legende *Felsche* ist, wird in Zukunft für die jetzt 30- bis 60jährigen die Legende *Corso* sein, die in eine Vor- und eine Nachkriegsgeschichte zu unterteilen ist, wobei sich die im vollen Gange befindliche Legendenbildung auf die Jahre 1945-1993 beschränkt. Dreimal umgezogen und nicht totzukriegen war das Café jedenfalls von 1912 bis 1993.

Es wurde als Konzert-Kaffeehaus und Konditorei am 1. 10. 1912 im ersten Stock des in unmittelbarer Nachbarschaft zum *Café Felsche* errichteten großen Neubaues eröffnet. Der Konditormeister Otto Kuttert setzte von vornherein nicht nur auf Torten, sondern auf »qualifiziertes musikalisches Geschehen im Konzertkaffeehaus«, was ihm das Überleben gegen die übermächtig scheinende Konkurrenz des *Café Felsche* sichern sollte.

1924 übernahm Ernst Fischer (1886-1975) zusätzlich zu seinem ab 1921 gepachteten *Café Fürst Reichskanzler* das *Café Corso*, in den dreißiger Jahren außerdem das schon vor 1900 existierende *Café Hennersdorf Nachf.* (Gewandgäßchen 4/5).

Nachdem *Reichskanzler* und *Corso* in Schutt und Asche gesunken waren, blühte nach 1945 das kleine *Café Hennersdorf* zum Nachkriegs-*Corso* auf, das als »Hörsaal 5« jeder Student kennt, der zwischen 1946 und 1968 die Leipziger Alma mater besuchte. Nachdem es mit fadenscheiniger Begründung im Zuge des Universitätsneubaues 1968 abgerissen worden war, konnte der Inhaber Werner Fischer wenigstens einen Teil der Ausstattung

Das legendäre zweite »Café Corso Hennersdorf« im Gewandgäßchen (um 1935, Abbruch 1968).

Der Teesalon des ersten »Café Corso« am Augustusplatz (1913).

an den neuen Standort (Neumarkt) transportieren, so daß die Leipziger ihr »altes« Corso 1970 immerhin wiedererkannten. Über zwanzig Jahre, von 1970 bis 1993 (Umzug in Grimmaische Straße, 1996 aufgegeben) florierte das »neue« *Corso* am Neumarkt als ein alltagskultureller Vexierspiegel besonderer Brennschärfe. Zu Gast im »alten« und »neuen« Corso – ist die Geschichte einer Institution, deren Fazit bisher immer lautete: Fortsetzung folgt. Derzeit (August 1996) wartet man in der Innenstadt erneut auf die Wiedereröffnung eines »alten« *Corso*.

HOTEL DE ROME
Georgiring 12

Wie ein bunter Kranz legten sich die Hotelneubauten um die Innenstadt am Promenadenring entlang. In der Stadt selbst entstanden nach 1900 keine neuen größeren Beherbergungsbetriebe.

Zwischen dem eleganten *Hotel Kaiserhof* (Georgiring 7, 1889 erbaut) und dem *Hotel Continental* (Georgiring 13, 1911 erbaut) entstand das 1943 stark in Mitleidenschaft gezogene *Hotel de Rome* (ab 1914 *Hotel Stadt Rom*), das noch bis in die fünfziger Jahre von der Familie Schlinke als Hotel bewirtschaftet wurde (endgültiger Abbruch vor 1969).

1907 erwarb der Hotelier Adolf Schlinke, der seit 1902 das alte *Hotel Stadt Rom* (Georgiring 13, Abbruch nach 1905) gepachtet hatte, neues Baugelände, um darauf sein modernes *Grand Hotel de Rome* entstehen zu lassen.

Es sollte den Blick freigeben auf den zukünftigen Bahnhof und den idyllischen Schwanenteich. Die Bank für Handel und Industrie (Darmstädter Bank) beteiligte sich an dem Neubau, in dem sie auch gleich eine ihrer Kassenfilialen unterbrachte. Der Architekt Ernst Steinkopf (Leipzig-Gohlis) entwarf und baute das Haus mit »modernen Barockanklängen« (Granit aus Beucha, Marmor aus Saalburg usw.). Mit der Küche im Souterrain, modernen Personen- und Speiseaufzügen, den Hotelzimmern auf fünf Etagen und der hauseigenen Kraftwagenunterkunft bot das *Hotel de Rome* ebenso wie das *Hotel Continental* zeitgemäßen Komfort.

Oben: Das alte »Hotel Stadt Rom«, Georgiring 13, nach 1905 abgebrochen (um 1905).

Unten: Das Weinrestaurant im »Hotel de Rome«, eingerichtet von der Leipziger Werkstatt für Raumkunst Hallitschke & Volkmer (um 1912).

Hauptbahnhof 1914.

Im Wartesaal der I. und II. Klasse lagen feine Damasttischdecken, in dem der III. und IV. Klasse begnügte man sich mit kariertem Leinen (um 1920).

nentischdecken je nach Klasse (I.–IV.) aufgelegt.

Daß bis zu 40.000 Gäste am Tag während der Messen hier gastronomisch betreut werden konnten, garantierte ein Personalbestand von 400 ständigen (zu Messezeiten 500) Mitarbeitern. In riesigen Kellern, Magazinen (im fünften Stockwerk) und Kühlhallen lagerten tonnenweise Konserven, Kartoffeln, Obst, Gemüse, Butter usw., von Wild, Geflügel, Fluß- und Seefisch oder Hummer ganz zu schweigen. Tausende von Flaschen standen im Wein- und Spirituosenkeller mit Inhalten für nahezu jeden Bedarf. Selbst Schatzkammerweine und -spirituosen waren in der *Hauptbahnhofs-Wirtschaft* in den zwanziger und dreißiger Jahren zu haben. Mehrere Küchen, Backstuben und eine Fleischerei gehörten zum Betrieb: 36 Köche, 5 Fleischer, 7 Konditoren und 2 Bäcker sorgten neben sonstigem Hilfspersonal rund um die Uhr für Nachschub.

20 Stunden am Tag rumpelten Wasch-, Spül- und sonstige Maschinen. 20.000 Besteckgarni-

HAUPTBAHNHOFS-WIRTSCHAFT

Georgiring 14

Das Gegenteil von dem, was heute landläufig unter »da geht es zu wie in der Bahnhofskneipe« verstanden wird, bot sich den Reisenden in den Restaurants des Leipziger Hauptbahnhofs nach dessen Eröffnung dar. »Licht und Luft« lautete das innerhalb von sechs Jahren (1909-15) ausgeführte Architekturkonzept für Europas größten Kopfbahnhof, das in allen Betriebsbereichen der *Hauptbahnhofs-Wirtschaft* (vom fliegenden Bahnhofsbuffet bis zum noblen Weinrestaurant) ebenfalls umgesetzt wurde: Speisesaal (Wandgemälde von Kunstmaler Lange) und Weinabteil atmeten modernen Luxus, und in den bewirtschafteten Wartesälen wurden Damast- oder karierte Lei-

turen besaß das Unternehmen im Jahr 1925: Sie zu putzen oblag zwei Hilfskräften, die zu nichts anderem kamen!

Effizient war auch das Bestellsystem: »Niemals werden die Bestellungen in der Küche laut ausgerufen. Die Rohrpost übermittelt aus den verschiedenen Abteilungen des Wirtschaftsbetriebes verschiedenfarbige Auftragsbons. Jede Farbe entspricht einem der Speisenfahrstühle, und damit ist sofort erkenntlich, nach welchem Wirtschaftsbezirke, welchem Wartesaale, welchem Weinabteil die fertige Speise zu liefern ist. Es kann keine Irrtümer, keine Zweifel, keine Verwirrungen geben. Die Küche empfängt die Aufträge nicht anders als schriftlich, und diese Anordnung schließt zugleich eine lückenlose Kontrolle ein«, vermeldete der erste und langjährige Pächter, Erich Naumann, nach Inbetriebnahme seines Imperiums, das als größte Bahnhofsgaststätte Europas galt.

Nach dem Krieg bis 1990 von der Mitropa noch immer im großen Stil bewirtschaftet (1000-1800 Plätze), wurde das Vorkriegsniveau nicht wieder erreicht. Die Bahnhofsgastronomie der Mitropa war zu DDR-Zeiten die einzige 24 Stunden am Tag geöffnete Lokalität, die Leipzig hatte.

Oben: Blick in die große Küche der »Hauptbahnhofs-Wirtschaft« (um 1920).

Unten: Die hauseigene Fleischerei der »Hauptbahnhofs-Wirtschaft« (um 1920).

PARK-CAFÉ

*Richard-Wagner-Straße 7 /
Ecke Nikolaistraße*

Welcher Bauherr es 1913 in Leipzig nur irgendwie einrichten konnte, tat es den Stadtvätern gleich (Neues Rathaus) und eröffnete sein Etablissement zum 100. Jahrestag der Völkerschlacht, der hochkarätiges internationales Publikum nach Leipzig zog. Auch die potente Park-Hotel-Aktiengesellschaft schaffte es, pünktlich zu den Jubiläumsfeierlichkeiten am 18. 10. 1913 den Beherbergungsbetrieb mit seinem für damalige Zeiten ungewöhnlich schlichten Namen *Park-Hotel* (benannt nach Parkstraße) aufzunehmen. Zu den regelmäßig wiederkehrenden Gästen gehörten hier – wie in allen Hotels in Brühlnähe – die Pelzhändler aus aller Welt. Einer Anekdote zufolge trafen sich im Jahr 1923 zwei jüdische Geschäftsleute, die ihre Kindheit gemeinsam in Galizien verbracht hatten, nach vielen Jahren das erstemal wieder.

Der eine, inzwischen Amerikaner, zeigt dem anderen ein Foto seiner Frau, worauf dieser sagt: »Cohn, was hast De Dir for 'ne häßliche Frau genommen?«

»Das Äußere is nich schön, aber das Gemüt, das Herz, das Inwendige!«

»Werd' ich Dir een Rat geben: Laß se wenden!«

Diese und viele andere jüdische Geschichten – sie wurden bis 1933 in allen Brühlgaststätten erzählt und gehörten zur Leipziger Alltagskultur – sind aus dem städtischen Bewußtsein völlig verschwunden. Das *Park-Café* im Erdgeschoß (ab Mitte der siebziger Jahre Cocktailbar) entwickelte ein legendäres Eigenleben, das auch unter volkseigener HO-Hausregie bis 1989/90 nicht nachließ.

Nach Schließung, Abbruch (bis auf Fassade) und Neuaufbau des Park-Hotels (eröffnet am 20.3.1995) befindet sich dort anstelle des *Park-Cafés* heute das *Nikolai-Bistro*.

Erstausstattung des »Park-Cafés« im »Park-Hotel« (1916).

HOTEL ASTORIA

Blücherplatz (Willy-Brandt-Platz) 2

»Hotel und Weinrestaurant Astoria am Hauptbahnhof ist eröffnet. 200 Betten von 4 Mark an, 60 Bäder, Mittagessen 3,50 Mark, Abendessen vor und nach dem Theater 4 Mark«, lautete am 4.12.1915 die Eröffnungsanzeige des größten und modernsten Hotelneubaus von Leipzig. Die Baupläne hatten die Architekten William Lossow, der die Eröffnung nicht mehr miterlebte, und Hans Max Kühne geliefert, die auch am Hauptbahnhof mitgewirkt hatten.

Das *Hotel Astoria* zog als erstes Haus am Platze die nationale und internationale Prominenz an, deren Namen in der nunmehr über achtzigjährigen Hausgeschichte nicht aufzuzählen sind.

Die schönste Vorkriegsanekdote, die vom *Astoria* erzählt wird, hat mit der tiefsten Damenstimme der zwanziger Jahre zu tun: Adele Sandrock wohnte 1921 im Haus. Weil ein Zimmermädchen vor Schreck die Flucht ergriff, als

»Hotel Astoria« am Eingang zur ehemaligen Blücherstraße, die sich nach 1900 zur Leipziger Hotelmeile entwickelte (um 1930).

es der Sandrocks Stimme hörte, ließ die Schauspielerin ein Schild mit der Aufschrift »Ich habe ein goldenes Herz« an die Tür hängen. Überzeugt waren die Hotelangestellten davon sowieso aufgrund der fürstlichen Trinkgelder. Beim Luftangriff am 4.12.1943 ausgebrannt und schwer beschädigt, erlebte das *Astoria* ab 1949 seinen Wiederaufstieg als von Jahrzehnt zu Jahrzehnt immer charmanter werdende

»alte Dame« der Leipziger Hotellerie, und ihre Restaurants zählten zu den besten in der Stadt.

Symptomatisch – auch für andere Gastbetriebe in Leipzig – ist die Besitzabfolge: Gegründet 1915 als GmbH, 1938 »arisiert« durch Zwangsverkauf, 1945-1952 Eigentum der sowjetischen Intourist GmbH, 1952-1965 HO-Hotel, 1965-1992 Interhotel, seit 1.3.1992 im Besitz der Maritim-Hotelkette.

Blick in das Restaurant des »Hotel Astoria« (um 1925).

Die komplett versammelte Küchenmannschaft des »Hotel Astoria« (1923).

Eingang zum »Börsenrestaurant«, links das »Hotel Victoria« in der Gerberstraße 1 (um 1890).

Börsenrestaurant

Tröndlinring 2

Der »wahre Ort der Einkehr muß ein Keller« sein, sagten sich wohl die Bauherren der Leipziger Handelskammer, als sie das Börsengebäude 1883/86 errichten ließen (1943 schwer beschädigt, später abgebrochen). Wer seine Geschäfte an der Produkten- und Effektenbörse erledigt hatte, stieg in den Bierkeller hinab, um dies – je nach Geschäftslage – zu feiern oder schnell zu vergessen.

Ein kleiner Freisitz (links) und ein Saal im zweiten Stock wurden zeitweise mit bewirtschaftet. Das Börsengebäude wurde 1943 zerstört, im Keller der Ruine wurde noch nach 1945 Bier gezapft.

Erwig's
Hotel Fürstenhof
Leipzig

HOTEL FÜRSTENHOF

Tröndlinring 8

»Was stehn Sie so erstaunt vor diesem Hause
    da? –
Das ist ja ein Palast, ein prächtig Lustschloß! –
    Ja!
Des Fleißes und der Kunst Ernährer und Be-
    schützer,
Der Armuth reicher Freund, Herr Löhr ist
    sein Besitzer ...«,

bedichtete Friedrich A. Kritzinger das 1770/71
entstandene Wohnhaus, das sich der Leipziger
Bankier Eberhard Heinrich Löhr als Familien-
wohnsitz von dem 22jährigen Architekten Johann Friedrich Karl Dauthe hatte bauen lassen. Nach Verkauf, Um- und Ausbau wurde
aus dem Privathaus ein Hotel, das im November 1894 als *Rink's Hotel Fürstenhof* eröffnet
wurde.

Seit 1865 befand sich im ersten Stock ein
Speisesaal, der vollkommen mit dem als »sächsischer Marmor« (Marmor Zeblicius) bezeich-
neten Serpentinstein aus Zöblitz ausgestattet
war. Die wertvolle Wanddekoration (nur noch
das Casino in Monaco hat eine solche), zu der
auch ein Prunkkamin gehörte, wurde im Zuge

des Hotelausbaus in das Erdgeschoß verlegt
und vergrößert – und ist bis heute dort zu sehen.

Um 1900 ist der *Fürstenhof* ein mittelklassi-
ges Hotel (Zimmer 2 – 5 Mark, Frühstück 1

Mark, Mittagessen 1,50 – 2 Mark) mit einer
durchschnittlichen Küche.

In die erste Reihe der Leipziger Hotels stieg
der *Fürstenhof* erst nach dem 1911/13 erfolgten kompletten erneuten Um-, Aus- und Neu-

Das »Hotel Fürstenhof« kurz vor der Eröffnung (1895).

hotel International leipzig

tageskarte

Donnerstag, 31. März 1966 / Freitag, 1. April 1966

Kraftbrühe mit Einlage	Legierte Windsorsuppe
Geschnitzelte Lendchen nach „Richard Wagner" 6,85	Heilbuttfilet „Müllerin Art" Salzkartoffeln. Salatteller 7,10
Wiener Zwiebelfleisch. Röstkartoffeln, Selleriesalat 7,10	Schweinslendchen „Westmoreland" pommes frites und Salatteller 7,30
Käseschnittchen	Kirschkompott

Vorspeisen

	MDN
Beluga-Malossol-Kaviar, Toast und Butter	9,40
Dorschleberstücken in Öl, Toast	2,65
Thunfisch in Öl mit Toast	3,10
Ölsardinen mit Toast	3,40
Keta-Kaviar mit Butter und Toast	4,25
Champignonsalat mit Toast	4,45
Geflügelmayonnaise, Toast und Butter	6,30
Langustenschwanz garniert mit Mayonnaise und Toast	5,30

Fisch

Matjesfilet mit grünen Bohnen, Salzkartoffeln	3,30
Heilbuttfilet „Müllerin Art", Salzkartoffeln, Salatteller	5,25
Steinbutt gekocht, mit zerlassener Butter. Salzkartoffeln	5,70
Seezunge „Müllerin Art", gem. Salat	6,35
Ostseelachs vom Rost. Kräuterbutter. Salzkartoffeln	7,65

Tagesgerichte

Deutsches Beefsteak mit Setzei, Rotkraut, Salzkartoffeln	4,25
Kalbfleischklößchen mit Risotto, Fleuron	4,35
Kaßler Rücken in Rotweinsauce, Bohnensalat	4,80
Kalbsnierenbraten mit Erbsen und Kartoffeln	5,20
Rumpsteak mit Oliven, pommes frites	5,30
Pökelgänsebrust auf Weinkraut, Kartoffelmus	5,40
Sauerbraten mit Kartoffelklößen, Krautsalat	5,55
Pan. Schweineschnitzel. Erbsen und Spargel	6,20
Geschnitzeltes Lendchen nach „Richard Wagner"	5,20
Schweinslendchen „Westmoreland", pommes frites, Salatteller	5,40
Wiener Zwiebelfleisch mit Setzei, Röstkartoffeln. Selleriesalat	6,45
Ochsenzunge in Rotweintunke. Champignon	5,55
Rehbraten mit Kartoffelmus und Preiselbeeren	5,70
Frikassee vom Huhn, mit Champignons, Risotto	6,55
Lendenschnitte „Imperial", pommes frites	5,55
Gebratene Pute mit Erbsen und Kartoffeln	7,—

Schonkost

Grießbrei mit Birnenkompott	2,45
Spaghetti mit Schinken	3,05
Gemüseplatte	6,40

Käse

		Salate	
Käsetartelett	1,70	Selleriesalat	—.85
Schnittkäse	2,10	Mayonnaisesalat	—.90
Gervaiskäse	2,10	Bohnensalat	1,20
Roquefort	2,40	Gurkensalat	2,35
		Tomatensalat	2,35
		Orangesalat mit Sahne	3,50

Speisekarte des »Hotel International« (1966).

Voreröffnungsanzeige nach dem kompletten Umbau (Illustrierte Zeitung 24.4.1913), die offizielle Eröffnung fand am 18.10.1913 statt.

bau des Hauses unter seinem neuen Besitzer Mathias Erwig (†1956) auf, der 1,5 Millionen Goldmark investierte und das Hotelgrundstück 1913 von der Familie Fischer-Brill erworben hatte.

Im Jahr 1930 kostete ein Zimmer 6-8 Mark (mit Bad 10-11 Mark), die Salons (heute würden wir Suite dazu sagen) waren für 10-15 Mark zu haben.

Das normale Frühstück lag bei 1,80 Mark, das englische kostete, dem angelsächsischen Andrang angepaßt, immerhin 3,50 Mark: Sehr viele Engländer und Amerikaner gehörten hier zu den Stammgästen, *Erwig's Hotel Fürstenhof* war außerdem in den zwanziger/dreißiger Jahren Sitz des Leipziger Boston-Clubs.

Als 4-Gang-Menü in *Erwig's Hotel Fürstenhof* stand beispielsweise im September 1932 auf der Karte:

Krebssuppe
Zungenragout in Vol au vent
Junges Rebhuhn mit Ananas-Kraut,
Schaumkartoffeln und Preißelbeeren
Käseplatte
(dazu 1928er Liebfrauenmilch Valckenberg
und 1928er Beaujolais Fleurie)

Nach 1945 in *Hotel International* umgetauft (auch hier erst Intourist-, dann HO-, ab 1965 Interhotel-Betrieb), genoß die Küche alle 40 DDR-Jahre hindurch weiter einen guten Ruf. Als Dr. Jürgen Schneider im Jahr 1991 das Hotel von der Erbengemeinschaft Erwig erwarb, lagen grandiose Umbaupläne fertig auf dem Tisch (Verbindung zum gegenüberliegenden Hotel *Norddeutscher Hof* mit mehrtägiger Tiefgarage usw.). Ein Teil der Schneiderschen Modernisierungs- und Umbaupläne für das in *Hotel Fürstenhof* zurückgetaufte Etablissement wurden letztlich vom neuen Besitzer mit dem neuen Betreiber (Kempinski-AG) bei der Wiedereröffnung als »kleines, feines Grand Hotel« im März 1996 verwirklicht.

»Café Promenade« (heute Freifläche) neben dem 1913 in der alten Bürgerschule eingerichteten Naturkundemuseum (um 1925).

NEUES
WIENER CAFÉ /
CAFÉ PROMENADE

Lortzingstraße 1

Weil es schon zwei andere Wiener Cafés gab (*Erstes Wiener Café*, Brühl 42 / Plauenscher Platz 1/2; *Wiener Café*, Wintergartenstraße 13) nannte Kaffeewirt J. L. Heimerl sein vor 1900 eröffnetes Etablissement *Neues Wiener Café*.

Bis 1908 fristete es unter mehreren Betreibern ein mehr oder weniger bescheidenes Dasein. Dies änderte sich grundlegend mit der Übernahme durch Franz Ziesing & Co. im Jahr 1908, wobei Franz Ziesing der Konditormeister und »Co.« der Kaufmann Emil Knöpke war.

Gründlich renoviert und modernisiert, wurden die Café-Konditorei und die Kaffeeterrasse unter dem Namen *Café Promenade* (ab 1914 *Kaffeehaus Promenade*) am 15. 1. 1909 wiedereröffnet.

Blick in den mauresken Festsaal des »Centraltheaters«, dessen Tische für die Jahresversammlung des Leipziger Automobilclubs eingedeckt sind (1911).

CT-Betriebe (Centraltheater)

Dittrichring 19

Im Jahr 1901 wurde das Centraltheater wohl in erster Zwecksetzung als Operettenbühne gebaut (Architekten August H. Schmidt / Arthur Johlige), entwickelte sich jedoch innerhalb weniger Jahre zum multifunktionalen Vergnügungstempel, wie es keinen zweiten an den Promenadenringen gab, von den Leipzigern kurz »CT« genannt. Während es in den Festsälen weniger lautstark zuging, »brannte« die Luft im Weinrestaurant, im Casino und in der Bar.

1913 saßen sie freitags auch hier in der Bar – die Studenten Kurt Pinthus, Franz Werfel und Walter Hasenclever. Mit dem Redakteur Karl Blanck dachten sie sich »schöne Zitate« aus, die sie unter den Namen von Gleim oder Gellert in der Wochenendbeilage der Leipziger Tageszeitung erscheinen ließen, da der Chefredakteur von ihnen verlangt hatte, sie sollten doch nicht so markerschütternde moderne Feuilletons schreiben, die allgemein heftig mißfielen, sondern doch etwas mehr Unterhaltendes zu Papier bringen. Was sie denn auch taten. »Oft wurden hier auch in Gesellschaft des Verlegers Kurt Wolff neue literarische Pläne erörtert. So wurde beispielsweise der Name der zeitgenössischen Sammlung ›Der jüngste Tag‹ in gemeinsamer Beratung in der C.-T.-Bar festgelegt.« (Karl Blanck, 1930)

Die *CT-Betriebe* mit ihrem »vornehmen Tanz-Kabarett der eleganten Welt« wurden 1943 zerstört. Mit dem Wiederaufbau des Schauspielhauses (1955/56) etablierte sich das *Café Schauspielhaus*, in dem seit Jahrzehnten zumindest am Wochenende auch wieder »die Luft brennt«.

Café Carola / Café Merkur

Dittrichring 5

Das 1877 eröffnete *Café Carola* (Betreiber W. Klingebeil) wurde vom Konditormeister Wilhelm Rühlemann fünf Jahre später in *Café Merkur* umgetauft und behielt diesen Namen von 1882 bis 1943 (Gebäude ausgebrannt).

»Das Merkur ist keineswegs allein das Paradies der werdenden Goethes, Beethovens und Rembrandts, sondern die Bleibestätte so ziemlich aller Berufsstände und Altersklassen«, schreibt Woldemar Sack Anfang der zwanziger Jahre über das Publikum im *Café Merkur*, einem weiteren »Mittelpunkt« an der die Leipziger Innenstadt umgebenden Promenade. Es gab hier allerdings nicht nur Literaten, Maler, Grafiker oder Schauspieler einschließlich ihrer Klientel – sondern auch ganz normale Leute. Zum Beispiel solche, die hierherkommen, um Zeitung zu lesen (es lagen bis 1914 mehr als 100, um 1925 etwa 300 aus!). Andere wollten nur ihre Englischkenntnisse pflegen: Der Club for English Conversation traf sich nach 1900 jeden Mittwoch ab 21 Uhr und übte die Fremdsprache. All jene, die sich schriftlich kurz fassen wollten, fanden sich mit mehreren gespitzten Bleistiften freitags 20 Uhr ein (Gesellschaft für die Pflege der Gabelsbergerschen Stenographie).

Beamte, Buchhändler, Verleger (unter ihnen Naumann, der versuchte, Nietzsche zu verkaufen) und Autoren gehörten natürlich auch zu den »normalen« Leuten. Als »geistige Zentrale« des künstlerischen und intellektuellen Leipzig genoß das Kaffeehaus einen etwas eingeschränkt berühmt-berüchtigten Ruf, der an den Künstlerstammtischen täglich aufs neue in Szene gesetzt wurde, ohne allerdings einen Ruf wie das Berliner *Café Größenwahn* zu erreichen. »Sie kommen nicht nur einmal täglich hin, sondern vier, fünf und sechs Mal …

Der Künstlertreffpunkt der zwanziger Jahre: »Café Merkur« (um 1920).

Halt, dort wird etwas herumgezeigt! Sechs Köpfe stecken zusammen und begutachten eine Aquarellskizze, die ein junger Maler herumreicht, der soeben, mit einer Riesenmappe bewaffnet, an den Tisch trat. Am Tisch gegenüber sitzt ein bekannter Geistlicher, der mit einem noch bekannteren Kommunistenhäuptling Gedanken austauscht.« Zu denen, die in den zwanziger Jahren hier oft auftauchen, gehören Literaten wie Hans Reimann, Erich Kästner oder Hans Bauer, Maler wie Arthur Michaelis, Rüdiger Berlit, Hellmuth Weißenborn, Arno Behringer, Hans Domizlaff, Alfred Ahner, Wilhelm Dreßler, Abraham Jaskiel (1933 emigriert) oder Theaterleute wie Valeska Gert und Lina Carsten. Die kreisbil-

*Im »Café Merkur« lagen regelmäßig über 300 Zeitungen/Zeitschriften und fast 300 Städte-
und Weltadreßbücher aus (1922).*

dende Persönlichkeit unter den Maler-Grafikern war unangefochten über Jahrzehnte Max Schwimmer, der in den zwanziger/dreißiger Jahren hier täglich zu finden war und seine flotten Zeichnungen auf alles hinwarf, was als Unterlage dienen konnte (Tische, Speisekarten, Bierdeckel, Servietten). Der hämische Zeitgenosse notierte 1923: »Er kann und malt wie Picasso, Kokoschka, Meidner. Als ich ihn zum letzten Mal sah, schwärmte er für Munch … Er hat sich vom Lehrer bis zum Kunstmaler emporgearbeitet!! Er war einst Kommunist, aber seitdem die deutsche Kaiserin tot ist, schwärmte er für den deutschen Kaiser und eine französische Filmschauspielerin … er studiert augenblicklich Philosophie auf der Leipziger Universität und trägt eine Ponnyfrisur … Er hält sich nebstbei für den König der Bohème in Leipzig.« Derselbe Kritikaster, Emil Szittya, behauptete übrigens, daß es im *Café Merkur* keine schönen Frauen gegeben habe – vielleicht gar nicht so abwegig, weil diese ihr Wesen wohl im benachbarten *CT* besser zur Geltung bringen konnten.

Im kaufmännisch-nüchtern orientierten Leipzig existierte zu keiner Zeit eine künstlerische Boheme – trotzdem gab man sich im *Café Merkur* redlich Mühe, eine solche vorzustellen! Die »Drache«-Redaktion gehört ebenso dazu wie die Retorte-Kabarettisten. Elsa Asenijeff(a), die später verträumt durch Leipzigs Straßen schritt, über die die Kinder lachten und die letztlich in der Nervenheilanstalt landete, dürfte neben Danny Gürtler, der mit Riesenschlapphut, Tennisanzug und feuerroter Krawatte bis 1914 durch Leipzig tobte, der einzige wirkliche, noch dazu weibliche Bohemien gewesen sein.

*Werbegrafik
(um 1880).*

DOROTHEENHOF

Dittrichring 1

Fast 1,5 Millionen Mark steckte der Architekt Paul Jacobi in den 1890/91 erbauten Wohn- und Geschäftsneubau des Dorotheenhofes, der die architektonische Verbindung zwischen dem Promenadenring und der Dorotheenstraße (heute Otto-Schill-Straße) schuf. Im Erdgeschoß zog sich über fünf Säle das »größte und schönste« Restaurant Leipzigs hin, das sich allerdings nur wenige Jahre in voller Größe als *Café-Restaurant Dorotheenhof* halten konnte. Standen mehr als ein Dutzend Fahrräder vor der Tür, so war es Mittwoch nach 20 Uhr, und die Mitglieder des 1892 gegründeten Radfahrervereins Wanderer diskutierten im Café, welche Bereifung die günstigste und daß Fahrradfahren sowieso viel gesünder sei als das Autofahren – dies immerhin im Jahre 1910: Das erste Autohaus Leipzigs (Chrysler) hatte um die Ecke seine erste Filiale eröffnet!

Über einen Separateingang gelangte man um 1900 zum *Cabarett Blumensäle*, dessen Lebenszeit erfreulich länger – nämlich bis in die fünfziger Jahre (seit 1947 Messegaststätte) – währte.

Unter dem Dach dieses nunmehr alten Dorotheenhofes (ein 1996 unweit gebauter Wohnkomplex trägt denselben Namen) florierte später die Café-Konditorei *Terrasse*, zu DDR-Zeiten die Nachtbar *Intermezzo*. Während des Umbaus zu einer juristischen Bibliothek (1994) tauchte für kurze Zeit die prachtvolle Decke eines der ehemaligen Restaurants in ihrer morbiden Schönheit wieder auf. Erneut abgehangen wartet sie – nunmehr seit über fünfzig Jahren – auf einen Liebhaber, der ihr die alte Schönheit wiedergibt.

»Cabarett Blumensäle« (Zeichnung, um 1910).

Café-Konditorei »Terrasse« (um 1925).

Eröffnungsanzeige (1892).

»Cajeris Restaurant«, der größte Gosen-Garten an der Promenade (um 1890).

CAJERIS RESTAURANT

An der Pleiße 2

Der große Baum war im 18. Jahrhundert gepflanzt worden zu – einer Zeit, als man in Leipzig zunehmend Gefallen an dem Weißbier Gose fand, das zumeist aus Sandersleben und Glauzig (dort erfand man die langhalsige typische Flasche dazu) importiert wurde.

Erst nachdem der Jungunternehmer Goedecke das Rittergut Döllnitz bei Halle ab 1827 zur rasant wachsenden Gosengroßbrauerei ausgebaut hatte, kam man in Leipzig dann so richtig auf den Geschmack, und es dauerte nur wenige Jahrzehnte, bis es mehr als ein Dutzend Gosestuben gab. Mit der am 1. 4. 1859 erfolgten Gründung von *Cajeris Café-Garten und Döllnitzer Gosenstube* lag der an der Promenade gelegene Familienbetrieb genau richtig. Nach Carl Cajeris Tod (1868) führten seine Witwe und deren Bruder Wilhelm Schwabe vierzig Jahre lang die Geschäfte, was beim sonstigen Umzugsdrang der Leipziger Gastwirte richtig auffiel und 1889 in einem Lied zum 30jährigen Geschäftsjubiläum gehörig herausgestellt wurde:

»Es zält wohl zu'm Seltenheiten,
30 Jahr an einem Ort
Sich als Pächter auszubreiten,
Meist treibt schnell es wieder fort.
Frau Cajeri fest im Willen,
So der Bruder ihr zur Seit',
Sollte sich so schön erfüllen
Eine 30jähr'ge Zeit.«

Das 50jährige Firmenjubiläum wurde allerdings nicht mehr hier (1899 Abbruch), sondern 1909 in Gohlis, in *Cajeris Gosenstube Ohne Bedenken* (Menckestraße 5, s. S. 145), festlich begangen.

PANORAMA

Roßplatz 5

Obwohl Ende des 19. Jahrhunderts die Zeit der großen, internationales Aufsehen erregenden Panoramen eigentlich vorbei war, leistete sich Leipzig 1883/84 etwas verspätet als Promenadenperle einen Rundtempel, der zur Belehrung und Bildung an »eine der größten Waffenthaten unseres Heeres«, die Reiterschlacht am 16.8.1870 bei Mars la Tour, erinnerte, welche den Deutsch-Französischen Krieg 1870/71 entschieden haben soll.

Eine Woche, bevor das martialische Rundbild im Obergeschoß am 24.9.1884 der Öffentlichkeit übergeben wurde, öffnete das erste große Restaurant im Erdgeschoß bereits seine Pforten, wie überhaupt in dem Rundbau mehr Gaststätten untergebracht waren, als Schlachtengemälde und -dioramen vorhanden gewesen sind. Das Kellergeschoß war nahezu komplett von Weinkellereien und Weinprobierstuben okkupiert. Im Erdgeschoß befanden sich zwei Restaurants, ein Speise- und ein Bierbuffet. Eine Café-Konditorei und ein Bier- und Kaffeegarten sollten bald folgen. Ende der zwanziger Jahre wichen die Bilder wohl endgültig, die Gaststätten blieben als *Panorama-Künstlerspiele* bestehen – und eine Kinderwagenfabrik hatte die Produktion aufgenommen (Gebäude 1943 zerstört).

Das »Panorama« stand etwa an der Stelle, wo sich heute das »Bowlingzentrum« befindet (1919).

Teilansicht der »Panorama-Künstlerspiele« (1928)

Café Bauer / Kaffee Astra

Roßplatz 6

Direkt neben dem *Hotel de Prusse* entstand in den Jahren 1889/90 mit dem *Café Bauer* am Roßplatz das Kronjuwel des Leipziger Historismus: Renaissance, Barock, Rokoko – alle Stilrichtungen waren schon in der Fassade vereint. Die Innengestaltung stand in nichts nach. Die Architekten (Ludwig, Hülßner und Bohm) leisteten mit allen ausführenden Dekorationsgewerken (Stukkateuren, Holzbildhauern, Kunstmalern) ganze Arbeit: 1,5 Millionen Mark wurden aufgewandt!

Neben den im Erdgeschoß befindlichen Restaurants, Billardsälen und Lesezimmern beherbergte das 85 Meter tiefe Gebäude im Hinterhaus eine Reitbahn mit Pferdeställen und in den oberen Etagen Wohnungen und Geschäftsräume.

Von 1890 bis 1914 florierte das mondäne Café, das bei Ausbruch des Krieges in *Kaffeehaus Bauer* »eingedeutscht« wurde. Bis früh 4 Uhr geöffnet, war es vor allem in lauen Sommernächten ein Anziehungspunkt der gehobenen Bürger- und Halbwelt. Danach wurde es immer schwieriger zu überleben, 1922 war es gänzlich aus. Von 1922 ab befanden sich hier repräsentative Wohnungen, Ausstellungsräume, ein Kreditinstitut und – nicht zu vergessen, ein großes Kino (Lichtspielhaus Gloria-Palast). Eine nochmalige gastronomische Belebung Ende der dreißiger Jahre unter dem Namen *Kaffee Astra* endete mit der Zerstörung des Gebäudes im Dezember 1943.

»Café Bauer«, rechts Durchgang zur Reitbahn (um 1895).

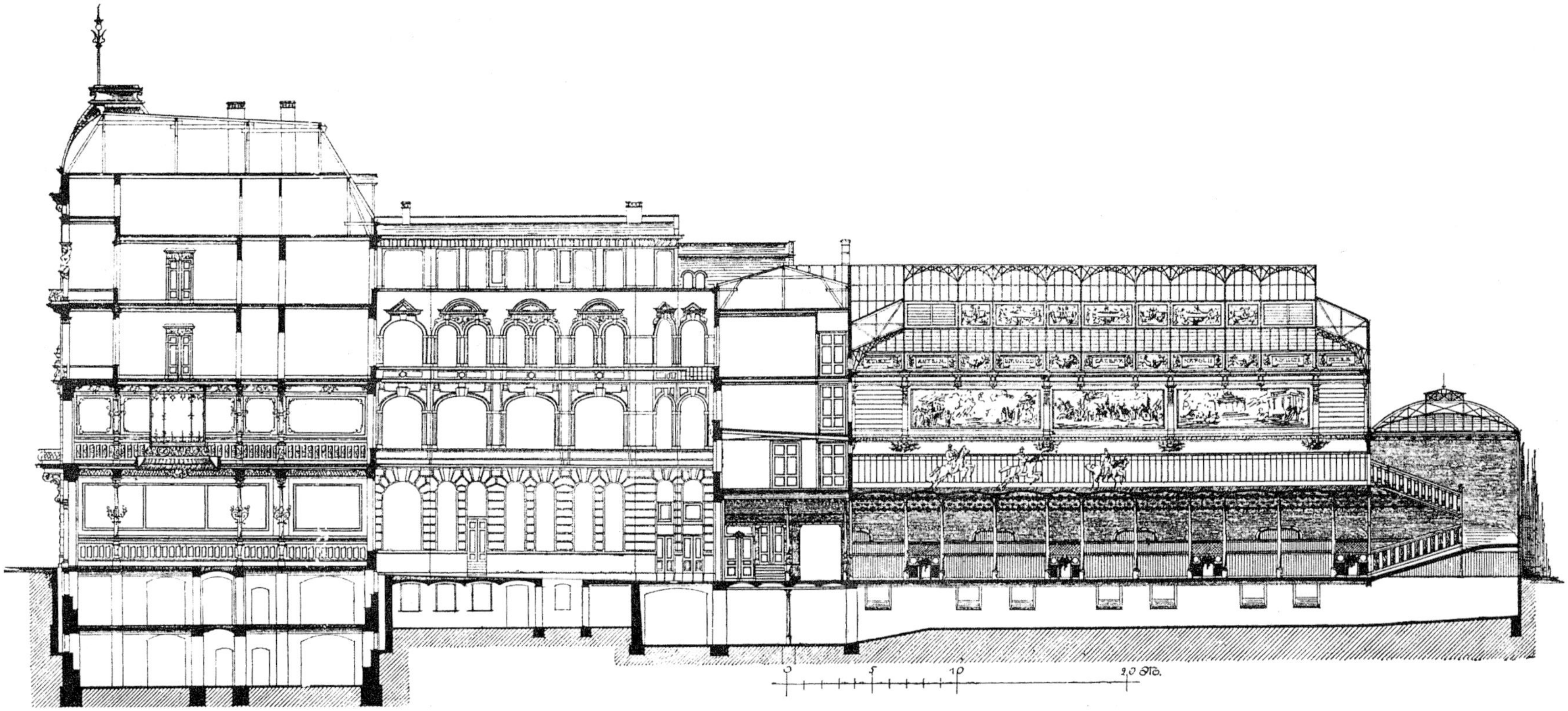

*Gebäudequerschnitt vom »Café Bauer« mit Reit-
bahn (Zeichnung, 1888).*

In der ersten Etage des »Café Bauer« (um 1910).

Prachtvolle Innenausstattung des »Café Bauer« (um 1900).

Goldener Helm / Hotel de Prusse / Preussischer Hof

Roßplatz 7

»…das ist ein sehr anständiges Hotel, höchst coulanter Wirth, gute Bedienung und zugleich sehr häufig der Sammelplatz von Einheimischen und Fremden; Prinz Carneval hält dort jährlich mit seinem Hofstaat Einzug«, beschrieb um 1870 ein humoriger Leipzig-Führer das altehrwürdige *Hotel de Prusse*, das 1720 vom Weinhändler Johann Martin Hamm als Gasthof *Goldener Helm* vor den Toren der Stadt eröffnet worden war. Im 18. Jahrhundert mehrfach umgebaut und umgetauft (*Zum Helm, Zum offenen Helm*), durfte sich der zur Nobelherberge aufpolierte Gasthof ab 1805 *Hotel de Prusse* nennen, weil die Königin-Witwe von Preußen hier einmal vorbeigeschaut hatte.

Ab Mitte des 19. Jahrhunderts stand überdies in großen Lettern an der Hausfassade *Prussian Hotel* und *Preußischer Hof*. Der Gartensaal im Hof für Konzerte, Bälle oder Galadiners war von Bäumen und reizenden Blumenhochbeeten umgeben, was dem Hotelwirt Louis Kraft durch reichlichen Zulauf gedankt wurde. Selbst Richard Wagner ließ sich 1871 herab, *seinem* Wirt ein musikalisches Dankeschön »mit dankbarer Lebhaftigkeit« zuzueignen. Nach komplettem Umbau der alten Gemäuer entstand 1881/83 ein neues *Hotel de Prusse*, das – schon nicht mehr im ganzen Gebäude und seit 1915 *Preußischer Hof* genannt – nur noch bis 1921 (Aufgabe des Hotelbetriebes) sehr vornehme Gäste empfing. Danach in

Das alte »Hotel de Prusse«, links der »Kurprinz« (1882).

Der »Tanzpalast Arkadia« im ehemaligen »Preußischen Hof« (1929).

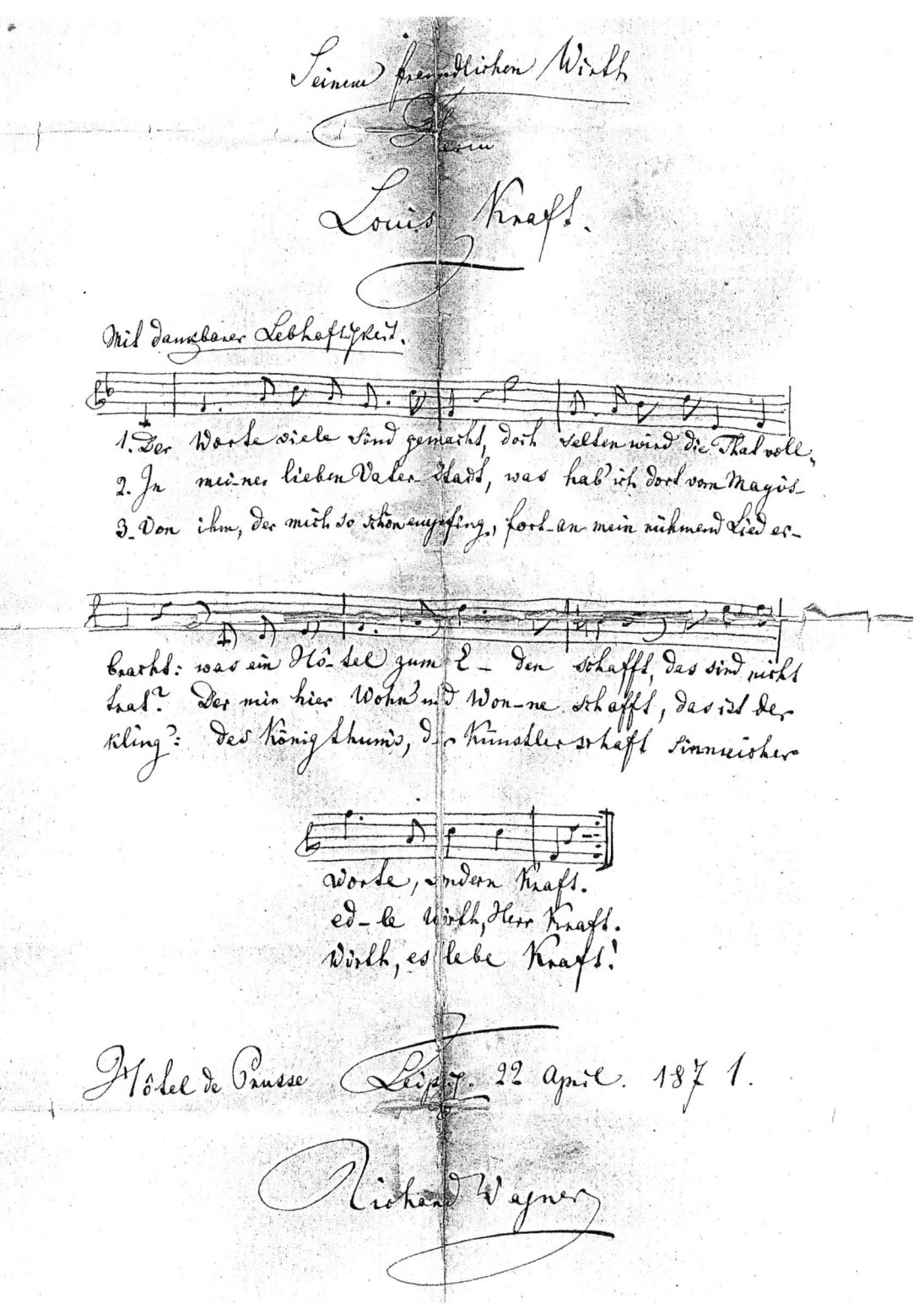

Privatwohnungen umfunktioniert, wohnten Ofensetzer, Kraftwagenführer, Kellner, Lehrer und Schaffner im Haus. Zwei größere Säle wurden in den zwanziger/dreißiger Jahren allerdings weiter vergnügungsgewerblich genutzt, unter anderem als *Tanzpalast Arkadia & Eden-Kabarett* (Gebäude 1943 zerstört).

Richard Wagners Loblied auf den Hotelwirt (Autograph, 1871).

Blick zum Hauptgebäude des ehemaligen Gasthofes »Zum Kurprinz« (um 1880).

ZUM KURPRINZ
Roßplatz 8

Was es hieß, zu Gast im Leipzig des 18. Jahrhunderts zu sein, kann man sich anhand dieses Fotos, auf dem der »Hinterhof« des 1709 als Gasthof *Zum Kurprinzen* erbauten Grundstuckes abgebildet ist, gut vorstellen, auch wenn die Gebäude nicht den Originalzustand zeigen. Der Pferdehändler Johann Schröter

hatte, wie wenige Jahre später der Weinhändler nebenan (*Goldener Helm*), den Zug der Zeit erkannt und sein neuerworbenes Grundstück vor den Toren der Stadt zum verkehrsgünstigen Ausspann-Gasthof mit entsprechenden Nebengebäuden ausgebaut.

Im Hintergrund das palaisartige Hauptgebäude, links und rechts die Unterkünfte für Mensch (Dienstpersonal), Tier (Pferdeställe) und Fahrzeuge (Kutschen).

Öffentliche Beherbergung und Beköstigung »ums Geld« gab es im Hauptgebäude dieses

Kurprinzen wahrscheinlich nur bis zum Jahr 1750, wer danach hier privat (Stadtpalais des legendären polnischen Fürsten Jablonowski, bis 1879 der Familie Leplay) einkehrte, mußte Frühstück oder Bett nicht bezahlen. Die Hofgebäude allerdings waren hin und wieder an kleine Schenkwirte verpachtet. Ein anderes Gasthaus *Kurprinz* (Kurprinzenstraße 20) gab es im 20. Jahrhundert etwa 200 Meter entfernt von seinem Namensvetter.

Blick in den Hof der »Großen Funkenburg«, die 1897 abgebrochen wurde (1897).

KLEINE FUNKENBURG

Westvorstadt, Ranstädter Steinweg

Weil man von hier aus in der Gegenrichtung das im 18. Jahrhundert aufblühende Vergnügungszentrum der *Großen Funkenburg* (1897 Abbruch) angeblich so gut sehen konnte, erhielt Ende des 18. Jahrhunderts die kleine Gartenwirtschaft am Elstermühlgraben den Namen *Kleine Funkenburg*.

Nachdem 1832 auf dem Grundstück C.W. Naumanns Brauhaus nebst Biergarten und Kegelbahn – auf unserem Foto ist nur der Zugang vom Mühlgraben aus sichtbar – errichtet war, gehörte die *Kleine Funkenburg* zu den »Großgaststätten« in der Umgebung. Wie klein die Gasthöfe und Restaurants an der ehe-

maligen Ost-West-Fernhandelsstraße (heute Jahnallee) bis Ende des 19. Jahrhunderts ansonsten zumeist waren, läßt sich gut erkennen.

Um sich eine Vorstellung zu machen, was es außer Bier hier noch gab, sei als Beispiel die »Speise-Karte zum Fastnachts-Schmause auf der *Kleinen Funkenburg* den 26. Januar 1860« im Wortlaut zitiert, die jeder Gast vor sich liegen hatte:

1 Bouillon mit Pastetchen
2 Ragout fin en Concille
3 Cotelettes mit Allerlei
4 Zunge
5 Aal, blau
6 Prinz Pückler
7 Wild Braten
8 Truthahn
9 Torte
10 Desserts

Bemerkenswert an der Speisenfolge ist die etwas ungewöhnliche Plazierung von »Prinz Pückler« (Fürst-Pückler-Eis).

Seit etwa 1830 befand sich in diesem Mini-Venedig der »Hafenplatz Kleine Funkenburg«, von dem aus bis zur Überwölbung die Gondelpartien in das Rosental oder zu den Pfahlbau-Ausflugslokalitäten im Leipziger Westen (*Neu-Helgoland*) oder Süden (*Wassergott*) gestartet wurden.

Für die »venetianisch-neapolitanische Gondelfahrt« mit einem »Masaniello vom Mühlgraben« mußte man im Juni 1857 1 1/2 Neugroschen berappen, um beim Großereignis der *Kuhturm*-Eröffnung per Schiff dabei zu sein.

Blick stadteinwärts mit Ranstädter Steinweg und Eingang zur »Kleinen Funkenburg« (rechts), linke Uferseite Am Mühlgraben, hinten noch erkennbar der alte Gasthof »Goldene Laute« (vor 1890).

GOLDENE LAUTE

Westvorstadt, Ranstädter Steinweg 8/10
(Jahnallee)

Wie ein uralter Fuhrmannsgasthof seinen Namen an ein hochmodernes Kraftwagen-Hotel weitergab – auch dies ein wichtiges Merkmal städtischen Selbstverständnisses der »Bewahrung« von Geschichte –, wird am Beispiel der *Goldenen Laute* sichtbar: Als Gasthof nebst Ausspanne für Fuhrleute hatte die *Goldene Laute* (seit 1561 als Messeherberge nachweisbar) bis zu ihrem Abbruch gedient.

Ab September 1827 logierte aber auch der damals noch nicht allzu bekannte Komponist Heinrich Marschner in dem bescheidenen Gasthof, dessen Postanschrift »Aus dem Mühlgraben Nr. 1002« lautete. Welche Geister es hier auch gab – er komponierte hier seine erste Oper »Der Vampyr« (Gedenktafel hängt immer noch).

Der romantische Hofkomplex (22 Meter breit, 150 Meter tief) mit langgestreckten Hintergebäuden beherbergte 1926 insgesamt 52 Familien, die bei dem kompletten Abbruch des Quartiers weichen mußten.

Auf dem knapp 3000 Quadratmeter großen Baugelände entstand 1926/27 eine Kombination aus Großgarage (Keller, Erdgeschoß und 5 Stockwerke mit 3 Autofahrstühlen und Standplätzen für 380 PKWs), Büro- und Lagerhaus und Mietsälen (1 Billardsaal, im sechsten Stock hatte sich die Mary-Wigman-Tanzschule einquartiert). Nur im Seitengebäude war das Hotel (20 Zimmer auf vier Etagen) untergebracht. Ein kleines Restaurant gab es auch noch – anstelle von Fuhrleuten saßen nunmehr die modernen Fernverkehrsteilnehmer, die Automobilisten, beim Kaffeefrühstück. Was vom Kraftwagenhotel nach dem Krieg noch übrig war, wurde neu aufgebaut und wird heute als Rettungswache benutzt.

»Goldene Laute« (1928).

ZUM RADI-SEPPL

Westvorstadt, Naundörfchen

»Wenn Du dich geärgert hast,
nach Deiner Arbeit Müh' und Last,
so eile schnell mit frohem Sinn,
ins Naundörfchen zum Seppl hin«,

wirbt in den zwanziger Jahren im verschach-
telten Ensemble des Naundörfchens (= Neues
Dörfchen) in einer der 32 Hausnummern der
Betreiber namens »Radi Sepp«. Bis auf sein
schönes Konterfei auf dieser Postkarte ist von
ihm bisher nicht mehr bekannt, als daß einige
Mitglieder des im Naundörfchen 12 sitzenden
Alkoholgegnervereins (Blaues Kreuz) ihm das
Leben nicht allzu schwer gemacht haben sol-
len.

Damit man auch vom Wasser aus auf ihn aufmerksam wird, hat der Restaurateur Edwin Fischer (1900: Ranstädter Steinweg 8) sein Werbeschild gar auf das Dach gestellt (1900/10).

Der Radi-Seppl höchstselbst (um 1925).

Restaurant »Zum Radi-Seppl« (um 1925).

KÜNSTLERHAUS

Westvorstadt, Bosestraße 9

Das *Künstlerhaus* wurde am 27.10.1900 eröffnet als Heimstatt des Leipziger Künstlervereins (1858 gegründet), der sich bis dahin an den unterschiedlichsten Orten (vgl. S. 35), zuletzt im *Italienischen Garten* (Lessingstraße 30) getroffen hatte; in dem wohl schönsten Jugendstilgebäude der Stadt befanden sich neben diversen Geschäftsräumen auch mehrere öffentliche Gast-Räume: im Erdgeschoß das Restaurant und eine Kegelbahn, im ersten Stock der große Fest- und Speisesaal.

Das *Restaurant Künstlerhaus* (1943 zerstört) lud als »vornehmes Familienrestaurant« mit allabendlicher Konzertunterhaltung das kunstinteressierte Leipziger Bildungsbürgertum ein. Die »richtigen« Künstler saßen dagegen seltener hier.

Von Künstlerhand, hier von H. Zeissig, auch die hauseigene Reklame für das Restaurant (Annonce im »Leipziger Kalender«, 1906).

Blick in das Parterre-Restaurant des »Künstlerhauses« (1912).

Dorotheenplatz mit Dorotheenpassage (Zugang zur Kolonnadenstraße), links »Café-Restaurant Zur Dorotheenpassage«, rechts »Wiener Café Dorotheenplatz« (an gleicher Stelle heute »Apels Garten«; um 1910).

ZUR DOROTHEENPASSAGE

Westvorstadt, Dorotheenplatz 2

Der Anblick des heutigen Dorotheenplatzes (Neubau 1987/89) ist in der Anmutung durchaus vergleichbar mit dem von vor fast einhundert Jahren. Die Wohnbebauung von Apels Garten, im 18. Jahrhundert eine der schönsten deutschen Gartenanlagen im französischen Stil, folgte im 19. Jahrhundert – zumindest in den Straßenzügen – der ursprünglich fächerförmigen Anlage, die man bis in die Gegenwart noch ahnen kann.

Links das bis Mitte der zwanziger Jahre existierende *Cafe-Restaurant Zur Dorotheenpassage*, rechts ein *Wiener Café* (Dorotheenplatz 3), das es Ende der zwanziger Jahre unter diesem Namen auch nicht mehr gab, aber das in gewisser Weise einen Nachfolger im 1987 eröffneten *Apels Garten* gefunden hat, in dem man heute, wenn man will, wichtige Herren des 18. Jahrhunderts (Herrn Apel und Herrn Goethe) in Lebensgröße besichtigen kann.

ZUR KOHLRÜBE

*Westvorstadt, Alexanderstraße
(Max-Beckmann-Straße)*

Was während des Ersten Weltkrieges im *Schützengraben* mit der patriotischen Wandmalerei heroisch-ernst gemeint war, fand schon vor der Zwangsbewirtschaftung und Lebensmittelrationierung (bis 1923) sein sarkastisch-lebensnahes Pendant in der Restaurantbenennung *Zur Kohlrübe* in der Alexanderstraße, wo vielfach einfache Leute wohnten, die während der Kriegs- und Kohlrübenwinter nichts anderes – wenn überhaupt dies – zum Essen hatten.

»Vereinshaus Schreberverein« in der Gartenanlage der Westvorstadt (um 1920).

Garten des Restaurants »Zur Kohlrübe« in der Alexanderstraße (um 1915).

VEREINSHAUS SCHREBERVEREIN

Westvorstadt, Aachener Straße 7

Inmitten einer Kleingartenanlage – nicht der ältesten und ersten in Deutschland, die ab 1833 in der Sandgrube (Johannistal) angelegt worden war – präsentiert sich nahezu unverändert das erste Vereinshaus der Schrebergärtner heute so, wie es vor einhundert Jahren aussah. Bis in die achtziger Jahre durchgehend bewirtschaftet, verfiel das Gebäude zunehmend, wurde aber vor dem Zusammenbruch gerettet. Seit 1990 saniert und rekonstruiert, bildet das ehemalige *Vereinshaus* heute den attraktiven Rahmen für *Dr. Schrebers Kneipe* im Erdgeschoß und das Museum der deutschen Kleingartenbewegung im ersten Stock.

WALDSCHLÖSSCHEN / MÜCKEN-SCHLÖSSCHEN

Waldstraßenviertel, Waldstraße 86

Wie Phönix aus der Asche ist das seit 1915 geschlossene *Mückenschlößchen* 1995 wiedererstanden, nachdem es genau acht Jahrzehnte im gastgewerblichen Koma gelegen hatte und das Erdgeschoß anderweitig (Wohn- und Geschäftsräume) genutzt worden war.

Schon wenige Monate nach Eröffnung des Café-Restaurants *Waldschlößchen*, das sich im Erdgeschoß des 1892 fertiggestellten »Renaissancestadtschlosses« (Architekt und Bauherr Gustav Strauß) befand, tauften die Leipziger, die zu Hunderten im wunderschönen Kaffeegarten saßen, das Anwesen so konsequent in *Mückenschlößchen* um, daß der Betreiber bereits 1893 das Schild wechselte und den neuen Namen auch offiziell eintragen ließ. So schön es war, direkt am Elstermühlgraben zu sitzen – Mücken »von seltener Größe und Zudringlichkeit« (Friedrich Nietzsche) gab es hier in Hülle und Fülle.

Daß der Architekt sich 1892 aus einem der oberen Fenster zu Tode gestürzt haben soll, lag allerdings nicht an den Mückeninvasionen, sondern daran, daß sich der Baugrund absenkte und Risse in den Wänden sichtbar wurden, was der Haltbarkeit des Hauses aber offenbar mehr als einhundert Jahre keinen Abbruch tat.

Viele Details der Raumausstattung von 1892 (u.a. Stuckdecke, Wandmalerei) sind originalgetreu restauriert, anderes wurde stilgerecht hinzugefügt. Der Kaffeegarten hatte im Jahr 1900 genau 400 Plätze (so viele Klappstühle wurden zumindest für den Sommerbetrieb angeschafft) – heute finden im Biergarten (Paulaner München) 600 Gäste Platz.

Der Bier- und Kaffeegarten des »Mückenschlößchens« (um 1910).

BAVARIA

Meßplatz (Friedrich-Ebert-Straße)

Die »Reservearmee« von vorwiegend weiblichen Arbeitskräften – rekrutiert aus in keinem Dienstverhältnis stehenden Frauen – meldete sich Jahr für Jahr für »Messejobs« (1910).

Was sich heute Catering, Party-Service oder »beliefert von ...« nennt (und nichts anderes heißt, als fertig zubereitete Speisen oder Gebäcke vom Herstellungsort zum Verzehrort, die kilometerweit auseinanderliegen können, zu transportieren), das ist in Leipzig nicht die Ausnahme, sondern zweimal im Jahr während der Messe die Regel gewesen. Der Ansturm von Tausenden, manchmal über 100.000 Messegästen war für Leipziger Gastwirte – außer in Not- und Kriegszeiten – kein Problem, weil sie die Logistik des Warentransportes aus – im wahrsten Sinne des Wortes – Er*fahr*ung beherrschten.

Viele Leipziger Gastwirte hatten auf dem seit 1907 eingerichteten Meßplatz zumindest ein Verkaufszelt, wenn nicht sogar eine aus Brettern schnell zusammengezimmerte, weiß getünchte Dépendance ihres städtischen Etablissements.

Hier sehen wir die weibliche Messemannschaft des Gastwirts Otto Wunderlich, dessen Stammsitz sich ansonsten in der Nikolaistraße 6 (heute Rückseite des Apothekenneubaus) befand.

Haupteingang zum »Palmengarten« (um 1905).

PALMENGARTEN

Frankfurter Straße 35 (Delitzscher Straße)

Was der *Krystallpalast* im Osten, war ab Mai 1899 der *Palmengarten* im Westen der Stadt – ein attraktiver Anziehungspunkt für (fast) »alle socialen Klassen«. Ob jung oder alt, bemittelt oder unbemittelt, ledig oder Großfamilie: Für alle Unterhaltungsbedürfnisse war gesorgt. Nur den Eintritt (1910: 50 Pfennige, Kinder die Hälfte) mußte man bezahlen können. Rabattangebote (Jahreskarten) und Son-

derpreisregelungen ermöglichten hin und wieder auch einer durchschnittlichen Arbeiterfamilie, den attraktiven Vergnügungspark aufzusuchen.

Allerdings saßen sie kaum in einem der exklusiven Restaurants oder in der vornehmen Café-Konditorei bei nachmittäglicher Konzertunterhaltung, sondern begnügten sich mit einem Bier am Ausschank des Großen Ziergartens oder mieteten für eine Stunde ein Boot, um auf dem Weiher herumzufahren.

Den Namen erhielt der 1/4 Million Quadratmeter große Vergnügungspark nach seinem zentralen Gebäude, einem multifunktio-

nalen Gesellschaftshaus (Konzert-, Fest- und Speisesäle) mit Gärtnerei und Palmenhaus, unter dessen gewölbter Glaskuppel die schönste tropische Pflanzenlandschaft zu besichtigen war.

Im Jahr 1937 rückten Abbruchkolonnen im »Palmengarten« an und machten der ganzen Herrlichkeit ein Ende. Die größte Bücherschau aller Zeiten sollte auf dem Gelände als Gutenberg-Gedenkausstellung aufgebaut werden – wozu es bekanntermaßen nach Kriegsbeginn 1939 nicht mehr kam. Reste der Parkanlagen des *Palmengartens* haben sich bis heute erhalten.

FELSENKELLER

Plagwitz, Karl-Heine-Straße 32

Der »alte« *Felsenkeller* (1844 über einem Bier-
lagerkeller als Gaststätte errichtet) war aufgrund des Baubooms im Industrievorort Plagwitz für die Freizeitbedürfnisse der hier
wohnenden Arbeiterschaft von seinem Besitzer (Brauerei C.W. Naumann) sehr bald als zu
klein erkannt und 1890 durch den danebenlie-
genden »neuen« *Felsenkeller* ersetzt worden.

Beide Lokale sind eng mit der Geschichte
der Leipziger Sozialdemokraten und Kommu-
nisten verbunden, die im alten bis 1890, im
neuen bis 1933 kleine und große Versammlun-
gen abhielten. Der letzte SPD-Parteitag der
Leipziger Genossinnen und Genossen fand am
30.3.1946 im *Felsenkeller* statt – gegenwärtig
versucht man sich so genau als möglich daran
zu erinnern, weil an diesem Tag das Ja zur Vereinigung mit der KPD gesprochen wurde. Abgesehen davon, daß hier auch noch die Leipziger FDJ gegründet worden war, hatte der
Felsenkeller vom Brauereietablissement 1844
bis zur volkseigenen HO-Bewirtschaftung bis
1990 auch Unpolitisches zu bieten.

Wie es heute manchem schon beim Zusehen
bei Bungee-Sprüngen schlecht wird, so erging
es manchen Zuschauern im August 1884. Vom
Garten des *Felsenkellers* aus gab es eine Woche
lang Ballonaufstiege im Riesenballon, die unter der Leitung des bewährten Berliner Mi-
litärluftschiffers Richard Opitz stattfinden
sollten, der dann aber nicht kam. Ein Herr
Schlegel mußte als Ersatzmann einspringen,
was die Leipziger mißtrauisch machte, die Wa-
gehälse unter ihnen aber nicht davon abhielt,
sich für 5 Mark auf 1000 Fuß Höhe emportra-
gen und danach am Seil wieder nach unten ziehen zu lassen. Abgestürzt ist niemand, und das
Seil hielt auch. Im alten *Felsenkeller* fanden ab
1884 regelmäßig Theateraufführungen von
Lust- und Schauerspielen für Erwachsene oder

Der neue »Felsenkeller« (um 1930).

Annonce (1884).

für Kinder statt. Die Stücke waren so seicht,
wie sie hießen: »Ein Engel«, »Gebannt und er-
löst«, »Der verwunschene Prinz«. Vom großen
Sensationsstück »Im Irrenhaus« hieß es tags
darauf in der Lokalkritik: »Laßt, Vater, genug

sein des grausamen Spiels.« Mehr als eine Vier-
telmillion Goldmark investierte die Nau-
mannsche Brauerei 1890 in den Neubau des
Felsenkellers, der einem fürstlichen Barockpa-
lais mit zusammengerutschtem Turm mehr
glich als einem in den Felsen gehauenen Keller.

Wer nach 1900 das Eintrittsgeld für den *Palmengarten* nicht hatte, kam in dieser neoba-
rocken Vergnügungsstätte (1000 Plätze) mit
Konzertgarten, Kinderspielplatz und »Garten
für Nichtconcertbesucher« jedenfalls auch auf
seine Kosten.

Seit 1990 ruht hier der gastgewerbliche Betrieb, das marode Gebäude harrt seiner Rekonstruktion.

RATSKELLER PLAGWITZ

Plagwitz, Weißenfelser Straße 10

Das Rathaus der Gemeinde Plagwitz war noch eine riesige Baustelle, als der Gastwirt Hermann Zschiedrich zur Jahreswende 1885/86 seine Gaststätte *Zum Ratskeller* eröffnete – allerdings nicht im Rathaus (eingeweiht Oktober 1886), wie man vermuten könnte, sondern im Erdgeschoß seines neuerbauten Hauses auf der gegenüberliegenden Straßenseite.

Über Jahrzehnte von der Familie Scharsig bewirtschaftet, 1956 von der HO übernommen, verfiel das Gebäude danach von Jahr zu Jahr. Am 15.9.1988 mußte wegen akuter Einsturzgefahr gänzlich geschlossen werden. Zwei alteingesessenen Leipzigern, Ralph Oberländer (Nachfahre des bekannten Brauereiunternehmers Oberländer aus Krostitz)

»Ratskeller Plagwitz« (1886).

und Alexander Hentzschel, ist es zu danken, daß das gesamte Gebäude als Restaurant (Eröffnung Februar 1991) und Hotel (Eröffnung September 1992) wiedererstanden ist, und zwar so, daß neben allem modernen Komfort eine denkmalgerechte Rekonstruktion gelungen ist, die den Sonderpreis der Lotterstiftung 1993 erhielt. Wenige Schritte weiter liegt der *Sonnen-Hof* (Weißenfelser Straße 15) mit einer der populärsten Kegelbahnen des Stadtquartiers nach 1900 – auch dieses ehemals bekannte Restaurant soll in Kürze originalgetreu wiedererstehen.

Blick in den »Ratskeller Plagwitz« (um 1930).

Der »Charlottenhof« in Lindenau (um 1920).

CHARLOTTENHOF

Lindenau, Albertinerstraße 24

Bis 1924 (Zuschüttung des Teiches zugunsten eines Sportplatzbaues) war der »Charlottenhof« die bequemste Naherholung für die Lindenauer Familien.

Bis zu 50 Ruderboote lagen am Bootsteg – waren alle auf dem Wasser, herrschte ordentli-ches Gedränge. Keiner unterließ es, nicht wenigstens den Versuch zu unternehmen, in das riesige Fischmaul hineinzufahren, das neben regelmäßigen Abendilluminationen und Neptunfesten zu den größten Attraktionen des *Charlottenhofes* zählte.

Zum Grauen Wolf / Reichsverweser

Kleinzschocher, Dieskaustraße 93

Im seit Mitte des 19. Jahrhunderts immer größer werdenden Arbeitervorort Kleinzschocher (1891 eingemeindet) war der große Saal des Gasthofes (im 18. Jahrhundert *Zum Grauen Wolf*, nach 1871 *Reichsverweser*) eine der wichtigsten Versammlungs-, Unterhaltungs- und Vergnügungsstätten der hier wohnenden Arbeiter und Angestellten und vor allem der ansässigen Vereine. Letztere veranstalteten Woche für Woche theatralische Abendunterhaltungen, Sonntagsfrühstücke oder Vereinsfeste.

Der rührige Gastwirt Carl Reiche, der vor 1900 zeitgleich noch andere Betriebe gepachtet hatte, machte den *Reichsverweser* zum Kleinzschocherschen gesellschaftlichen Zentrum.

Wie sich zum Beispiel im Januar 1884 die Schützengesellschaft hier amüsierte, stand wenige Tage später detailliert im Lokalblatt:

»Das Programm hatte reiche Abwechselung und die Ausführung der Nummern war eine gut vorbereitete, so daß der Beifall, der ihm zu Teil ward, ein wohlverdienter war. Die Chorlieder fielen gut aus und auch die Duette und das komische Terzett 'klappten'. Große Heiterkeit erregten die Leipziger Brezelmänner und das Zwergtheater in 7 Bildern, sowie die gelungenen Kouplets. Auch das Theaterstück

Konzert- und Balletablissement »Reichsverweser« (um 1915).

'Sie kommen' von C. Reinhardt ward recht munter und frisch gespielt. Ein Gesellschaftsball schloß die Aufführung würdig ab.«

Im Februar versammelte sich alles zum Narrenball verbunden mit Bockbierfest und Pfannkuchenschmaus, und zu Ostern gab der Allgemeine Turnverein eine »theatralische Abendunterhaltung«, deren Reinerlös dem »Turnhallenbaufonds« zugute kam. Beim Bombenangriff 1943 beschädigt, nach 1945 eine der ersten Jazzhochburgen Leipzigs und noch bis 1958 bewirtschaftet, wurde der immer mehr zusammenbrechende ehemalige *Reichsverweser* von den Anwohnern verbittert als »erstaunlich langsam verwesendes Symbol des vierten Reiches« betrachtet. Seinen Namen hatte er allerdings nicht vom zwölf Jahre währenden Dritten Reich, sondern vom Reichsverweser Erzherzog Johann von Österreich aus dem 19. Jahrhundert.

Der »Alte Gasthof« von Schönau (1932).

ALTER GASTHOF

Schönau, Lützner Straße

In den letzten Kriegstagen des Frühjahrs 1945 von einer Splittergranate getroffen, versank diese über 400 Jahre alte Schankstätte in Schutt und Asche.

Das Rittergut Schönau (heute Flur Grünau) hatte, wie die meisten anderen Rittergüter auch, eine eigene Bierschenke (ab 1522 erwähnt), die 1845 offiziell das Gasthofsrecht erhielt, d.h. Fremde (vor allem Fuhrleute) beherbergen und beköstigen durfte. Der Name *Alter Gasthof* bürgerte sich nach 1875 ein, nachdem schräg über der Straße ein neuer Gasthof (*Zum Goldenen Stern*, bewirtschaftet bis Mitte der sechziger Jahre, Abbruch 1980) entstanden war.

BIENITZ KAFFEEHAUS

Bienitz

Kilometerlang konnte und kann man in Leipzig durch nahezu geschlossene Wald- und Auenlandschaften an natürlichen oder künstlich angelegten Wasserläufen – denen bis 1990 zum Teil pestilenzartige Gerüche entstiegen – spazierengehen. Das einzige, was die Natur den Leipzigern wirklich versagt hat, sind Berge.

Um den Städtern trotzdem ein winterliches Vergnügen zu ermöglichen – nicht jeder war Mitglied im Alpenverein –, ließ man eine kleine Anhöhe in der Burgaue zur Rodelbahn ausbauen. Mit dem 1920 eröffneten *Bienitz Kaffeehaus* (als Ausstellungshalle vom Messegelände abgeholt und hier zur Gaststätte gemacht) gab es nun im nordwestlichen Auewald neben dem *Luna-Park* eine weitere Attraktion.

»Die Bahn in gutem Zustand, im Kaffeehaus Unterhaltungsmusik. Tägliche Autoverbindung vom *Café Corso* (Augustusplatz) 14.15 Uhr. Rodelschlitten werden mitbefördert« lautete – nachdem Schnee gefallen war – im Januar 1924 das verlockende Angebot. Falls kein Schnee lag und auch für die anderen Jahreszeiten war ansonsten vorgesorgt mit Konditorei und Fischbecken, aus denen »fangfrische« Forellen auf die Roste gelegt wurden (Gastbetrieb 1970 endgültig eingestellt, das Gebäude wartet auf Instandsetzung).

»Bienitz Kaffeehaus« mit Rodelbahn (1932).

Die »Domholzschänke« inmitten der Burgaue ist seit ihrer Eröffnung 1926 ein beliebtes Sommer-Ausflugsziel (um 1930).

Luna-Park / Haus Auensee

Wahren, Am Auensee

Den See verdankten die Anwohner dem Kies-
bedarf beim Bau des Leipziger Hauptbahnho-
fes. Noch während die Kiesgrube zum Auensee mutierte, entstand 1913/14 um ihn herum
der *Luna-Park* als ständige Vergnügungsein-
richtung mit Restaurants, Imbißbuden, Spiel-
plätzen, einer Gebirgsachterbahn und einer
Schmalspureisenbahn (erst Luna-Expreß,
nach 1945 Pioniereisenbahn), einer Badean-
stalt und anderen Lustbarkeiten.

Die Vielzahl an Lustbarkeiten ebbte im
Laufe der Jahrzehnte merklich ab. Seit 1945
gehört das ehemalige Hauptrestaurant als
Haus Auensee bis heute aber immer noch zu
den größten Vergnügungstempeln im Norden
der Stadt. Das Areal erneut zu beleben (das Ba-
den im Auensee wird auf Jahre hinaus nicht
möglich sein), ist eine Aufgabe, die zu lösen
sich die Stadt derzeit anschickt.

*Oben: Blick vom Restaurant »Luna-Park« auf die
Gebirgsszeneriebahn (1914).*

*Unten: Eine ungeplante Attraktion des »Luna-
Parks« war das Hochwasser, das 1913 auch Teile
des Parkes unter Wasser setzte (1913).*

WALDKATER

Schkeuditz

Unter mehr als einem halben Dutzend Ausflugsgaststätten im Nordwesten Leipzigs ragte der *Waldkater*, das alte Schkeuditzer *Schützenhaus* mit Konzert- und Ballsaal, nicht nur seines populären Namens wegen heraus. Der »Schwoof« im Walde – vor allem danach der Rückweg mit der Herzensdame, die man nach Hause brachte – zog bis in die sechziger Jahre (Gebäudeabbruch) die tanzfreudige Jugend von drei Generationen an.

Schützenhaus und Restaurant »Waldkater« (um 1915).

FLUGHAFEN-RESTAURANT

Schkeuditz, Flughafen

Wenn schaulustige Leipziger, und nicht nur Väter mit Söhnen, schon ab 1927 zum »starken mitteldeutschen Luftkreuz« Halle/Leipzig fuhren, um den Lande- und Abflugmanövern der kleinen Junkers, Dorniers oder Rohrbachs zuzuschauen, so gab es einen regelrechten Run auf das Gelände, nachdem im Sommer 1931 das *Flughafen-Restaurant* eröffnet worden war. Der in der Geschichte der modernen Architektur einen Höhepunkt darstellende »Glaskasten« mit dem unmittelbar an das Rollfeld grenzenden Kaffeegarten (Architekt Hanns Wittwer) bot Hunderten Platz. Die meisten davon waren keine Fluggäste, sondern dem Zeitgeist frönende Leipziger, die sich bei

»Flughafen-Restaurant« mit Kaffeegarten (1931).

Der Kaffeegarten des »Flughafen-Restaurants« (1931).

dem bizarren Klanggemisch von aufheulenden Motoren, Wiener Kaffeehaus- oder flotter Tanzmusik – eine Freilufttanzfläche gab es selbstverständlich auch – den Nachmittag vertrieben.

Bis zum Ausbruch des Krieges (1939 Schließung des Flughafens, Restaurantgebäude 1944 durch Bomben zerstört) gehörte das *Flughafen-Restaurant* zu den Topadressen städtischer Freizeitvergnügungen.

Eingang zum Konzert- und Kaffeegarten »Bonorand« (um 1910).

BONORAND

Rosental, Vor dem Rosentaltor 2

»Hoffen wir, daß nicht ein kohlesüchtiger Minister im Talgrund des Rosentales Braunkohle entdeckt und die herrlichen Laubwälder in einen riesigen Kohlenkasten verwandelt«, lautete 1908 die gar nicht so weit hergeholte Befürchtung eines Zeitgenossen, der sich anläßlich der Geschäftsübernahme des *Bonorand* durch Karl Engelmann (16.7.1908) Gedanken um die Zukunft machte.

Nachdem im 17. Jahrhundert die letzten Räuber aus dem stadtnahen Wald des Rosentales (1318 erstmals erwähnt) vertrieben und im 18. Jahrhundert Schneisen für ein kurfürstliches Lustschloß (das August der Starke auf Kosten der Stadt bauen wollte, was ihm die Stadtväter erfolgreich ausredeten) geschlagen worden waren, zogen im 19. Jahrhundert die Schweizer Konditoren in das vordere Rosental, um dann dessen Bewirtschaftung bis 1885 nahezu monopolartig zu beherrschen: In einem Sommerpavillon eröffnete 1824 Georg Kintschi (1794-1876) das *Schweizerhäuschen* (Vor dem Rosentaltor 1), das nach seinem Tod von Otto Thomas Bonorand (1821-1885) übernommen wurde. Dessen Familie war bereits seit etwa 1850 (andere Quellen 1838) mit einer sommerlichen *Conditorei Bonorand* ebenfalls im Wald präsent. Im Laufe der Zeit wurde die Konditorei zum *Etablissement Bonorand* mit Saalanbau (Architekt Arwed Roßbach) ausgebaut, und die nachfolgenden Betreiber führten den Namen bis zur Schließung des Kaffeegartens (1935) weiter.

TRINK-HALLE

Rosental

Der vermutlich erste »alkoholfreie« Gastbetrieb in Leipzig war diese im Rosental aufgestellte *Trink-Halle*, in der es Fruchtsäfte, Limonade und Selterswasser gab. Mehrere solcher Holzpavillons sollten in den öffentlichen Anlagen noch aufgestellt werden, die gastgewerbliche Effizienzrechnung führte allerdings schon sehr bald zur »alkoholischen Unterwanderung« des offiziellen Angebotes.

Zur Stammkundschaft gehörten hier die Kindermädchen, die mit ihren Anbefohlenen den großen Kinderspielplatz im Rosental besuchten. »Dort, im Waldesdunkel, saßen sämtliche Kindermädchen Leipzigs. Die Gespräche waren so interessant, daß sie auf ihre Schutzbefohlenen nicht achteten. Kinderwagen, mit Säuglingen gefüllt, standen reihenweise fern am Rande des Platzes. Oft haben wir Schuljungen uns, vorsichtig wie die Rothäute, hingeschlichen und Säuglinge, die einigermaßen ähnlich aussahen, vertauscht. Es ist nie bemerkt worden, und in mancher Familie mag auf diese Weise eine erstaunliche Blutauffrischung entstanden sein«, erschreckte Thomas Theodor Heine später so manche Leipziger Familie, nachdem seine »Randbemerkungen zu meinem Leben« erschienen waren.

»Trink-Halle« im Rosental (1860).

Gesellschaftshaus Zoo / Kongresshalle

Pfaffendorfer Straße 29

Die 1898 gegründete Aktiengesellschaft Zoologischer Garten machte es möglich, daß nicht nur die Zootiere fürderhin ihr Auskommen hatten, sondern auch noch ein prächtiges *Gesellschaftshaus* (seit mindestens Anfang der zwanziger Jahre auch *Kongreßhalle* genannt) mit einem großen Saal, Restaurants und künstlicher Felsengrotte entstand (Architekten Alfred Müller und Heinrich Rust, eröffnet am 29.9.1900).

Die gediegene Jugendstilausstattung hinderte die Leipziger nach der pompösen Eröffnung nicht, über ihr »neuestes und schönstes Affentheater« zu witzeln.

Die hier abgehaltenen Veranstaltungen mit riesigen aufgebauten Buffets sind nicht aufzählbar. Nur als Beispiel: Nach einem »Vaterländischen Abend der Deutschnationalen Volkspartei« (18.1.1924) fand am nächsten Tag in allen Räumen das Pressefest der Neuen Leipziger Zeitung statt. Das Gewandhaus-Quartett spielte Hindemith, die Okkultistin Fatime trat auf, und der bekannte Woldemar Sacks machte den Entertainer.

Dutzende von Vereinen bevölkerten das Gesellschaftshaus. Bis 1933 war es Sitz von drei Druidenlogen: der Loge Steinring (diens-

Das »Gesellschaftshaus Zoo« (um 1920).

tags 20 Uhr), Humboldtloge (mittwochs 20 Uhr) und Loge Richard Wagner (donnerstags 20 Uhr). Im Russischen Kaufmännischen Klub »Jakor« tagte man um 1930 täglich und betätigte sich offiziell als »Leipziger Bridgezirkel«.

Traten Gewandhausmusiker bis 1943 hin und wieder hier auf, so zog das komplette Orchester 1946 (bis 1981) in die notdürftig instandgesetzte *Kongreßhalle* ein, weil es keinen anderen Konzertsaal mehr gab.

Das Restaurant ist wie das übrige Gebäude seit 1990 wegen Baufälligkeit zugesperrt und harrt seiner Wiedereröffnung.

WEISSER SCHWAN

Nordvorstadt, Gerberstraße 30

Als Bahnhofshotel wurde der *Weiße Schwan* um 1836/40 in der Rannischen Vorstadt knapp zweihundert Meter von den ersten Fahrkartenschaltern entfernt errichtet. Den Namen erhielt der Neubau von dem alten Gasthof *Zum Weißen Schwan* (Grimmaischer Steinweg 1, 1722-1836), der dem Postgebäude am Augustusplatz weichen mußte. Die bloße Namensübertragung bewirkte, daß auch all die schönen Histörchen vom alten *Weißen Schwan* mit an den neuen Standort wanderten und so erzählt wurden, als hätten sie sich hier zugetragen. Zum Beispiel: Im Jahr 1739 ritt inkognito der Alte Dessauer, Fürst Leopold von Anhalt-Zeitz, mit seinem Adjudanten zur Michaelismesse an. Weil ihre Kleidung ziemlich verstaubt war und die Stiefel auch nicht eben blank poliert schienen, wurden sie vom Gastwirt »wie der letzte Dreck« behandelt. Sie bekamen das schlechteste Zimmer angewiesen und ein noch schlechteres Essen vorgesetzt – der Gastwirt fürchtete, sie könnten nicht zahlen. Am nächsten Tag klärte sich die Sache auf. Daß der Fürst den ganzen Abend innerlich gelacht hatte, war dem Gastwirt äußerst peinlich – und für alle nachfolgenden Betreiber des *Weißen Schwans* im Grimmaischen Steinweg, danach in der Gerberstraße, eine der wichtigsten Hausanekdoten, die hier erzählt wurden.

Bahnhofshotel »Weißer Schwan« (um 1910).

ZUM GENERAL YORK / DEUTSCHER KAISER

Nordvorstadt, Yorkstraße (Erich-Weinert-Straße) 30

Wo und wie die »Ritter der Landstraße« im 20. Jahrhundert beherbergt wurden, soll dieses Beispiel eines typischen Fernfahrerheims zeigen, wie es mehrere vergleichbare in Leipzig gab.

Auch wenn der Restaurantname *Deutscher Kaiser* (1900: *Zum General York*) großartig klang, verbarg sich dahinter nichts anderes als ein preiswertes Speiselokal nebst Unterkunft für Fernfahrer. Der *Deutsche Kaiser* gehörte 1929 dem Großschlächter P. Dietrich, zehn

Das Fernfahrerheim »Deutscher Kaiser«, heute rekonstruiert und als Bürogebäude genutzt (um 1930).

Jahre später der daraus hervorgegangenen Dietrich KG, die das angeschlossene Truckerheim (20-30 Betten in 10 Zimmern) seit den zwanziger Jahren verpachtet hatte. Gab es im Restaurant keinen Platz, gingen die Fernfahrer über die Straße in die sowieso gemütlichere Bierkneipe *Graupeter* (Berliner Straße 42, steht noch als Ruine), die berühmt wurde, weil vor ihr 1913 der ausgebrochene Löwe Abdul erschossen wurde – derselbe, der danach in einem unerhört ehrenvollen Löwenbankett in *Aeckerleins Keller* verspeist worden war.

Ehrenporträt des Wüstenkönigs Abdul, der auf der gegenüberliegenden Straße vor dem »Graupeter« 1913 niedergestreckt wurde (Buchillustration, 1921).

Das Café-Restaurant »Kaiser-Park« (1911).

KAISER-PARK

Gohlis, Wiesenstraße 14

Das Gegenteil vom *Fernfahrerheim Deutscher Kaiser* verbarg sich unter gleichnamigem Ehrenschutz am Rande des nördlichen Rosentales (heute links von Ecke Fechner-/Weinligstraße).

Den Kaiserpark (nach Abschaffung der Monarchie dem bereits vorhandenen Schillerhain zugeschlagen) ergänzte um 1900 das an der Parthen-Pleiße liegende Café-Restaurant *Kaiser-Park* mit vornehm-gediegenem Freizeitangebot: am Nachmittag Familienbetrieb mit Angelrutenausleih (im seichten Fluß gab es noch zahlreiche kleine Fische), am Abend gedämpftes Licht, unter dem wallender Musselin im Arm maßgeschneiderter Offizieruniformen über das Tanzparkett bugsiert wurde. Nach 1914 wurde aus dem »Kaiser-Park« eine Lazarettunterkunft. In Kaiserpark und Schillerhain hatte man übrigens künstlich Rosen angepflanzt, denn das Rosental zeichnete sich ansonsten durch den natürlichen Zustand von »kein' Rosen überall« (Kritzinger, 1787) aus.

Von den um 1900 über zwei Dutzend Gosestuben waren die bekanntesten am Eutritzscher Markt die *Gosenschenke* (vermutlich seit 1738 Braurecht) und die *Kümmelapotheke* (1958 Abbruch), in der Menckestraße die *Oberschänke* (1939 Abbruch) und *Cajeris Gosenschenke Ohne Bedenken*.

Das 1899-1922 von der Familie Cajeri (s. S. 116) bewirtschaftete Speiselokal erhielt seinen Namen von einem Kellner, der unablässig gesagt haben soll, Gose könne man »ohne Bedenken« trinken. Die psychologische Beruhigung brauchten vor allem Nicht-Leipziger, die gewarnt wurden: »Paß off mit dr Gose, se geht in de Hose!« Bei Ungeübten konnte sie wie Rizinusöl wirken, wie ein erboster Messeneuling 1856 verbittert notierte und sich im nachhinein zu dem vernichtenden Urteil hinreißen ließ, dieses Getränk sehe aus und schmecke wie Bier, das vor ihm schon einer getrunken habe.

Von 1932 bis 1958 dröhnte der Bilderbuch-Wirt Karl Matthes durch die noch im Originalzustand befindliche Lokalität, die danach zu einem *Kulturzentrum Nord* umdekoriert wurde. »Das altmodische Interieur war dank ausgeprägter Abrißerfahrung der Banausen binnen kürzester Zeit demontiert beziehungsweise demoliert, und unter anheimelnden Neonleuchten fanden fürderhin am Ort Handarbeits-Abende ebenso wie Dichterlesungen statt.« (Andreas Reimann)

Die Wende kam hier schon vor der Wende, und zwar bereits im Jahr 1986. Nachdem Lothar Goldhahn die *Gosenschenke Ohne Bedenken* in den Fast-Originalzustand zurückversetzen ließ und sein Geschäftsführer H. Hennebach eine Gosekultstätte daraus machte, ist sie bis heute ein Ort, wo Gastsein im alten Leipzig auf besonders typische Weise erlebbar ist.

So könnte er ausgesehen haben, der Kellner, der ohne Bedenken jedem Gast das Gosetrinken empfahl (1899).

Gosenschenke Ohne Bedenken

Gohlis, Menckestraße 5

Die Gose ist tot (1966 Schließung der letzten Leipziger Gosebrauerei) – es lebe die *Gosenschenke Ohne Bedenken* (1986 Wiedereröffnung), in der es seit 1991 auch wieder echte Gose – gebraut in Dahlen – gab.

»Gosenschenke Ohne Bedenken« (um 1930).

ZUR GOLDENEN HÖHE

Gohlis, Breitenfelder Straße 3

Eine von den vielen kleinen Eckgaststätten, die in jedem Stadtquartier dutzendfach vorhanden waren und heute immer seltener zu finden sind, war das Restaurant *Zur Goldenen Höhe* in Gohlis am Beginn der leicht ansteigenden Breitenfelder Straße: Ein geschnitzter Tresen, einige Tische mit etwa 25 Sitzplätzen, ein Billardtisch – und fertig war die Ausstattung.

Die Küche bei Gastwirt Alban Näser, der hier hinter dem Tresen steht, war preiswert und gut. Während die Halbwüchsigen in den Anlagen des »Knochenplatzes« (heute mit Kaufhalle bebaut) Fußball spielten, konnten deren Eltern in der *Goldenen Höhe* in Ruhe ihr Bier trinken oder Schweinsknochen mit Sauerkraut essen.

Restaurant »Zur Goldenen Höhe«, heute Wohnhaus (um 1915).

Gasthof »Zum Anker« in Eutritzsch (um 1930).

ZUM ANKER

Eutritzsch, Delitzscher Straße 61

Schon vor der Jahrhundertwende gehörte der Gasthof *Zum Anker* in Eutritzsch (1900 Pächter A. Glaser) zu den insgesamt 85 Gastbetrieben in Leipzig, in denen Bier aus der Klein-Crostitzer Bierbrauerei F. Oberländer (heute Brauerei Krostitz) ausgeschenkt wurde. Dies sollte bis zum Abbruch des Gebäudes auch so bleiben. Für die nach 1924 kreierte Biersorte Ur-Krostitzer Schwedenquell wurde in der Gaststube sichtlich Reklame gemacht.

Gaststube des »Ankers« nach ihrer Neueinrichtung (um 1930).

»Tanzpalast zum Meeresgrund« in Wiederitzsch (um 1925).

ALTER GASTHOF

Wiederitzsch, Delitzscher Straße 69

Der »10 Min. vom Luftschiffhafen, 5 Min. vom Krankenhaus St. Georg, mit großem staubfreien Garten« liegende *Neue Gasthof* in Wiederitzsch hatte nach 1900 keinen so langen Atem wie der *Alte Gasthof*, dessen Wirt Rudolf Kappert sich immer etwas einfallen ließ,

SCHÜTZENHAUS / KRYSTALLPALAST

Wintergartenstraße 17/19

Schon im Vorgängerbau des *Schützenhauses* (1833/34 nach Plänen von Albert Geutebrück errichtet) wurde zwar noch geschossen, aber mehr noch große Tafel gehalten und dem künstlichen Alpenglühen über Berglabyrinthen zugeschaut. Das »Dorado der Leipziger Bourgeoisie« war um 1860 so prächtig ausgestattet (Blauer Saal von Constantin Lipsius, Cellarius u.a.), daß man Jean Paul zitierte und

um seinem Etablissement neuen Glanz zu verleihen. Mit schillerndem Krepp-Papier, Pappmaché und flackernden Lichtern verwandelte er den großen Saal Mitte der zwanziger Jahre in einen großartigen *Tanzpalast zum Meeresgrund*. Die Dekoration und der Name blieben über Jahre erhalten, überdauerten selbst die Kriegsjahre. Schon zur Frühjahrsmesse 1947 fanden in der *Tanzgaststätte Meeresgrund* die ersten großen Abende der Nachkriegszeit statt.

Meistertänzer Bea und Henry Violanty im »Krystallpalast« (1930).

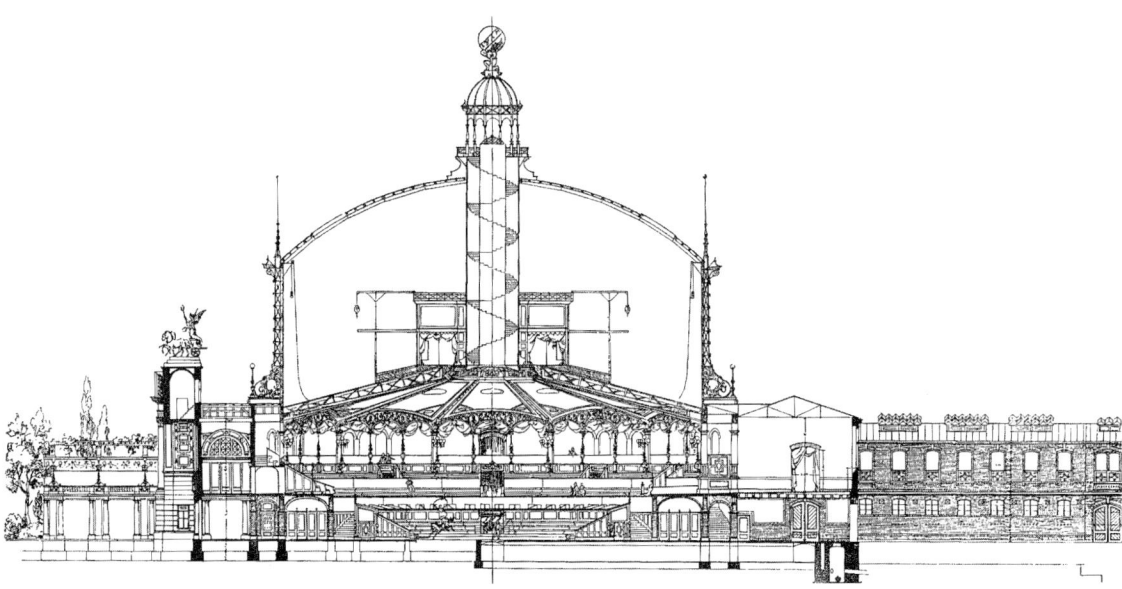

Querschnitt durch die Alberthalle des »Krystallpalastes« (Zeichnung, 1892).

»Krystallpalast« mit Restaurants auf zwei Ebenen (Holzstich, um 1900).

von der Baukunst als »gefrorener Musik« schwärmte.

All dies schien wie Kinderei gegen die Lustbarkeiten, die ab 1882 im Umbau zum *Krystallpalast* mit der 1886/87 ausgebauten *Alberthalle* (Architekt Arwed Roßbach) und dem 1891/92 ergänzten Wintergarten (Architekt Jäger) auf dem Programm der Krystallpalast AG standen.

Vom feinen Café über mehrere Restaurants, Konzert- und Ballsäle, einem Diorama (36 Meter Durchmesser) bis hin zum multifunktionalen Zirkus- und Konzertrundbau (3000 Sitz- und Stehplätze) bot der »größte Vergnügungskonzern in Leipzig« alles, was das Herz begehrte: Sportveranstaltungen, Automobilausstellungen, Pferdedressuren des Zirkus Renz, hochkarätige Show- und Varietéprogramme oder den Humorvortrag eines Otto Reuter, der 1909 hier 12.000 Mark Monatsgage erhielt.

1906 wurde ein Kino eingebaut, 1909 eine hochmoderne Skating-Bahn für Rollschuhfahrer hinzugefügt, acht Kegelbahnen gab es, und internationale Stars des Varietés (u.a. Clown Grock, Josephine Baker) gaben sich hier die Klinke in die Hand – die unendliche Geschichte des *Krystallpalastes* endete mit seiner Zerstörung am 4.12.1943. Nach dem Krieg entstand auf dem Gelände zuerst ein hölzerner Zirkusbau für Aeros (eröffnet am 7.12.1945), im Jahr 1953 eine Kuppelhalle, die als *Haus der heiteren Muse* seit 1971 nur noch als Fernsehstudio genutzt werden konnte und inzwischen abgebrochen ist.

Zaubergartenpartie des »Schützenhauses« mit dem Herkulestempel auf der Drachenfelsgrotte vor griechischer Säulenhalle (um 1880).

Das »Afrikanische Bier- und Konzerthaus« (1909).

AFRIKANISCHES BIER- UND KONZERT-HAUS

*Ostvorstadt, Querstraße /
Ecke Schützenstraße*

Es kam in Leipzig nicht allzuoft vor, daß ausländische Künstler (oder Ausländer überhaupt) für längere Zeit eine »Nationalitätengaststätte« oder ein entsprechend dekoriertes Ambiente länger als sechs Monate betrieben. Ausnahmen waren unzweifelhaft die von dem Sinti B. Lasrich betriebene *Kiachta-Hütte* in Möckern (Marienstraße 1) oder das *Arabische Café* (Nürnberger Straße 57).

Wie lange das *Afrikanische Bier- und Konzerthaus* in unmittelbarer Nähe des *Krystallpalastes* – die Künstler um John Glatty dürften hier verpflichtet gewesen sein – unter diesem Namen existierte, konnte bisher nicht ermittelt werden.

PRAGERS BIER-TUNNEL

Nürnberger Straße 1

Benannt war dieser Restaurationsbetrieb nicht nach der schönen Stadt Prag, sondern nach der Gastwirtedynastie Prager (zwei Brüder, deren Söhne und Neffen), die – aus Großkorbetha und Kleinzschocher stammend – fünf Jahrzehnte lang Leipziger Gastronomiegeschichte schrieben.

Christoph Ernst Prager (*1819), der Vater, betrieb um 1850 das in der Dresdner Straße liegende *Colosseum* (seit mindestens 1863 *Pantheon* genannt).

Sein Bruder, Gustav Adolph Prager, eröffnete am 8.5.1859 *Pragers Bier-Tunnel*. In den Tageszeitungen inserierte er ein »neues, schönes und freundlich eingerichtetes Vereinsbierlocal verbunden mit einer bayrischen Bierstube«. Gezapft wurde Bier der Vereinsbierbrauerei zu Leipzig und Kulmbacher.

Täglich ab 9 Uhr gab es Speckkuchen und frische Bouillon.

1860 übernahm Gustav A. Prager das Lokal *Zum Großen Reiter* (Petersstraße 44), wo dieselben Biere ausgeschenkt wurden. 1862 finden wir ihn in *Pragers Restauration* (Kleine Fleischergasse 15) – hier gab es Zwickauer Bier.

Die Leitung von *Pragers Bier-Tunnel* übernahm ab 1860 sein Neffe Carl Friedrich Anton Prager, der auf Crostitzer Lagerbier (saisonal Bock oder Märzen) umstieg. Im April 1863 wurde ein ständiger Mittagstisch eingerichtet, der vor allem von Druckern, Buchbindern und Angestellten des umliegenden Graphischen Viertels in Anspruch genommen wurde. Prager kaufte das Hausgrundstück im Jahr 1871 und ließ die weithin sichtbaren Buchstaben an der Hausfassade – noch heute zu sehen – anbringen. Das Grundstück ging 1885 in den Besitz von Friedrich Oberländer, Besitzer der Krostitzer Brauerei, über.

Der Beliebtheit des Tunnels tat dies aber keinen Abbruch: Wie oft die Betreiber in den nächsten einhundert Jahren auch wechselten (zu vorletzt Fischgaststätte der HO) – der Name von *Pragers Bier-Tunnel* wurde bis 1991 (seitdem China-Restaurant) nicht angetastet.

Annonce (1862).

Hofgarten des Restaurants im »Hotel Sachsenhof« (1901).

STADT DRESDEN / HOTEL SACHSENHOF

Ostvorstadt, Johannisplatz 1/2

Der große Wohn- und Geschäftskomplex Sachsenhof (1943 zerstört, heute Grünfläche) befand sich als Eckbebauung gleichermaßen am Johannisplatz und in der Querstraße. Seine neobarocke Fassaden- und auch Hofgestaltung nahm Bezug auf den barocken Turm der Johanniskirche, der den Platz – auch noch als Ruine – bis 1964 (Abbruch) beherrschte. Nicht alle Etagen wurden vom Hotelbetrieb (bis 1900 *Stadt Dresden*, danach *Sachsenhof*) be-wirtschaftet, aber es gehörte mehr als fünfzig Jahre anfangs zu den noblen, später zu den besseren Hotels in der ehemaligen Grimmaischen Vorstadt.

Da im Zwischengeschoß der Leipziger Automobilclub Geschäftsräume hatte, verwundert es nicht, daß das *Hotel Sachsenhof* in den dreißiger Jahren auch informeller ADAC-Treffpunkt war. Viele Jahre vorher hatte sich bereits der »Militärverein Sächsischer Grenadiere« das Bier- und Weinrestaurant als Vereinslokal erkoren. Ab wann und wie lange die «Literarische Runde e.V.» in den zwanziger/dreißiger Jahren hier tagte und öffentliche Vorträge stattfinden ließ, ist bisher nicht bekannt.

ZUR EWIGEN LAMPE

Reudnitz, Grenzstraße 19

Als eines der vielen kleinen Bier- und Speiselokale im Grafischen Viertel gehörte die *Ewige Lampe* wie die *Erholung* zu den typischen Einraum-Kneipen, deren Stammkundschaft sich aus den Anwohnern, vor allem aber auch aus den Arbeitern der umliegenden Druckereien rekrutierte. Setzer, Drucker, Buchbinder, Retuscheure tranken hier regelmäßig ihr Bier aus der Dampfbrauerei Zwenkau oder kamen in der Mittagspause zum Stammessen hierher.

Den Namen *Zur Ewigen Lampe* dürfte der Wirt Curt Grumpelt, der auf dem Foto prächtig anzuschauen ist, seinem Lokal als witziges Pendant zum wenige Häuser weiter befindlichen Konzerthaus *Zum Paradies* gegeben haben (um 1910).

Eine der letzten bis heute verbliebenen Einraum-Lokalitäten in diesem Stadtquartier war bis zum Frühjahr 1996 die *Carloklause* (um 1900 *Restaurant Müller*, später *Paragraph 11*, Kreuzstraße 11), in der sich das Leben des Leipziger Ostens in voller Bandbreite widerspiegelte.

Gastwirtschaft und Konzerthaus »Zum Paradies«, Grenzstraße 38 (um 1910, heute Baulücke).

Gastwirt Curt Grumpelt in seinem Restaurant »Zur Ewigen Lampe« (um 1910, heute Baulücke).

Zur Erholung

Reudnitz, Comeniusstraße 2

Im Leipziger Osten gab es, wie in den anderen Vororten auch, mehrere Gastwirtschaften mit eigener Fleischerei beziehungsweise umgekehrt, Fleischermeister mit gastgewerblicher Konzession (in der Innenstadt war das Schweinehalten und -schlachten seit dem 16. Jahrhundert offiziell verboten).

Eine davon war das »angenehme Familienlokal« und Restaurant *Zur Erholung* (ehemals Ecke Rathaus-/Schulstraße, nach Straßenumbenennung Ecke Reclam-/Comeniusstraße), in dessen Hinterhof vor der Jahrhundertwende regelmäßig geschlachtet wurde. Per Zeitungsannonce wurde über Jahrzehnte in die Reudnitzer *Erholung* zum Schlachtfest geladen.

Von morgens bis abends war die ganze Wirtsfamilie mit dem Verarbeitungsprozeß (Blut rühren, Därme säubern, Wurstfüllungen herstellen, Fleisch zerkleinern) beschäftigt. Zwischen 7.00 und 11.00 Uhr gab es Wellfleisch, einige Stunden später oder am Abend frisch gekochte Kesselwurst, Leber-, Blut-Grütz- oder Bratwurst – alles im Restaurant oder »über die Straße« zu haben.

Restaurant »Zur Erholung« (um 1930, heute Wohnneubau).

Zum Kleinen Kuchengarten

Anger-Crottendorf, Hauptstraße 2 (Breite Straße)

Als die Mode des Kaffeetrinkens im 18. Jahrhundert immer mehr um sich griff und von der Tendenz her an die Stelle der bisherigen kräftigen Vespermahlzeit (gegen 17.00 Uhr) ein institutionalisierter Nachmittagskaffee trat (gegen 16.00 Uhr), brach in allen Vorstädten das von pfiffigen Unternehmern initiierte Leipziger Kuchenzeitalter aus. Gastwirte und Kaffeehausbetreiber kauften oder pachteten Flurstücke vor der Stadt, um dort Kuchengärten einzurichten, in denen sich die Leipziger ihren berühmten sommerlichen »Kuchenorgien« hingaben. Ganz an den Nagel hängte der Zimmermann Samuel Händel den erlernten Beruf, als seine Frau 1763 ein Grundstück mit Obstbaumbestand in Reudnitz erbte, auf dem Händel durch Um- und Ausbau den (Großen) *Kuchengarten* (ehemals Kohlgartenstraße 23) eröffnete, der bis in die Mitte des 19. Jahrhunderts zu den beliebtesten Familienlokalen zählte. »Ganze Karawanen von Herren und Damen, Weibern, Mädchen und Kindern, vom Professor und Bürgermeister bis zum Schuster sieht man ziehen … Die Bürgerweiber trinken drei bis vier Portionen Kaffee und essen für sechzehn Groschen Kirsch- und Pflaumenkuchen. Ihren Männern, die zu Hause arbeiten müssen, bringen sie für sechs Pfennige Käsekuchen mit dem Bedeuten, daß das Geld jetzt rar sei und sie nicht so viel auf Leckerei verwenden dürften. – Händeln sein Kuchen ist aber weit und breit bekannt, und man trifft ihn nirgends besser als hier, der Mann hat sich damit in kurzer Zeit reich gemacht, so daß er jetzt

Blick »Zum Kleinen Kuchengarten« (um 1890).

ein großes Vermögen besitzt. Die Studenten nennen ihn den Kuchenprofessor«, hieß es 1784. Ein Student namens Goethe hatte gar eine Ode auf den Kuchenbäcker gedichtet!

Bis Ende 1862 existierte der *Große Kuchengarten* (danach Paynsche Lithographische Kunstanstalt), der seit 1828 so genannt wurde, weil ganz in der Nähe der *Milchgarten* (1820 konzessioniert ohne Schankrecht) sich endlich *Kleiner Kuchengarten* nennen durfte. Der *Grünen Schenke* (Breite Straße 1) gegenüber bekam der *Kleine Kuchengarten* mit der Genehmigung, Konzerte abzuhalten (1840), und vor allem mit der Eröffnung der Leipziger Pferdebahn (1872) großen Zulauf.

Im Jahr 1900 betrieb C. Römling nicht nur den *Kleinen Kuchengarten*, sondern auch noch eine Speisewirtschaft in der Innenstadt (Thomasiusstraße 4).

Das Restaurant »Zum Silberfund« mit Kegelbahn und Freisitz im Hof (um 1910).

ZUM SILBERFUND

*Anger-Crottendorf, Karl-Krause-Straße
(Theodor-Neubauer-Straße) 38*

Ein um 1900 bei Bauarbeiten gefundener Topf mit Silbermünzen war wohl der Grund dafür, daß Ferdinand Lachnit seinem neuentstandenen Lokal den Namen *Silberfund* gab. Eine Goldgrube war die kleine Gaststätte, die sich inmitten des um die Jahrhundertwende aufblühenden Industrievorortes Anger-Crottendorf (1889 eingemeindet) im Erdgeschoß eines der typischen Arbeiterwohnhäuser befand, zu keiner Zeit.

Aber – und das unterscheidet sie von den großen, in der Nähe liegenden ehemaligen Vergnügungsetablissements wie der *Grünen Schenke* oder dem *Kleinen Kuchengarten* – sie existiert noch heute, wohl nicht zuletzt der Stammgäste wegen, von denen in den siebziger Jahren einer zum Gastwirt Nußbaum, der den *Silberfund* 1976-1983 innehatte, zu sagen pflegte: »Mein Auto habe ich in dieser Kneipe versoffen.«

Seit 1983 vom Wirtsehepaar Kiril Radev gepachtet, bemühen sich die Wirtsleute, das altersschwache Haus der Stadt abzukaufen, um nicht nur den Kaffeegarten, sondern auch die Kegelbahn wieder in Betrieb zu nehmen.

Restaurant »Zur Schecke« (um 1890).

ZUR SCHECKE

(Neu)Sellerhausen, Wurzner Straße 37

Wie ein Überbleibsel aus vergangener Zeit sieht das ländlich anmutende Hofgrundstück nicht nur aus – es ist es. Links und rechts hart begrenzt von den neuen drei- bis vierstöckigen Mietwohnbauten, die nach 1870 entstanden, hatte sich der Eigentümer wohl vorerst erfolgreich dem Bauboom der Gründerjahre widersetzt. Das winzige Restaurant *Zur Schecke* befand sich im Erdgeschoß des linken Gebäudes, im Sommer stellte Gastwirt Knösing (1900) weitere Stühle in den »Garten«, dessen Grundfläche nicht einmal 50 Quadratmeter betrug. Den Namen dürfte die kleine Gastwirtschaft nicht nach der Kuchensorte »Eierschecke«, sondern nach der Fellmusterung eines Pferdes bekommen haben.

LANDHAUS

Stünz, Zweenfurther Straße 16

Eine beliebte Ausflugsgaststätte im Leipziger Osten, zu der man um die Jahrhundertwende zu Fuß oder per Fahrrad kam, war neben dem seit 1760 bewirtschafteten großen *Gasthof Stünz* das Stünzer *Landhaus*.

Wenn im *Landhaus* bei Hermann Paatzsch kurz nach 1900 Schlachtfeste angesagt waren, standen die Kinder nach Schulschluß hier Schlange, um die billige Wurstbrühe literweise in Milchkannen nach Hause zu tragen. Die Restauration *Zum Landhaus* (ehemals Schulstraße) gibt es seit den zwanziger Jahren nicht mehr, aber das Gebäude steht noch, und der Blick in die Straße von Stünz (1910 eingemeindet) ist heute noch genauso wie vor einhundert Jahren – nur der vorgebaute Kaffeegarten und der Baum fehlen.

»Gasthof Baalsdorf« (um 1900).

Restaurant »Landhaus« mit Garten vor und hinter dem Haus (um 1905).

GASTHOF BAALSDORF

Baalsdorf, Mittelweg 1

Schon weit außerhalb und nicht mehr mit Pferde- oder Straßenbahn zu erreichen, war der *Gasthof Baalsdorf* mit seinem kurz vor 1900 angebauten großen Tanzsaal (links) und dem Kaffee- und Biergarten um die Jahrhundertwende eine wichtige »Überlandadresse« für die tanzlustige Jugend aus dem Leipziger Osten.

An heißen Sommerwochenenden kamen die Jungen und Mädchen per Fahrrad hierher, und der Bierwagen der Stötteritzer Brauerei Gebr. Ulrich (1866 gegründet) mit den klirrenden Flaschen mußte mehrmals anrollen, weil eine Fuhre nicht gereicht hätte.

In Baalsdorf blickt man gelassen und mit langem Atem auf das zurück, was man Geschichte nennt. Schon Anfang des 13. Jahrhunderts bestand das Bauerndorf, das seinen historischen Ortsgrundriß bis heute bewahrt hat, aus über zwanzig Höfen. Schank- und Braurechte sind seit dem 16. Jahrhundert urkundlich belegt.

Der *Gasthof Baalsdorf* (Inhaber Klaus Koch) ist nach wie vor eine wichtige Adresse, vor allem für Liebhaber traditioneller sächsischer Hausmannskost – und das Bier »Echt Ulrich Pils. Das Würzige« kommt noch immer »aus Leipzig«, allerdings nicht mehr aus Stötteritz, sondern aus Reudnitz.

DEUTSCHES HAUS

Südvorstadt, Königsplatz 13

Im Hotel *Deutsches Haus* (dessen Vorgänger ein alter Gasthof war, der seit 1826 denselben Namen trug) roch es immer – allerdings nicht schlecht, sondern wundervoll nach Kaffee! Aus dem Erdgeschoß strömten in den zwanziger Jahren unablässig die aromatischen Düfte von frischgerösteten Kaffeebohnen: Richard Poetzschs Kaffeerösterei hatte im selben Gebäude eine Niederlassung (1943 zerstört).

Restaurant des Hotels »Deutsches Haus« (um 1930).

Während im »Deutschen Haus« oder im »Café Vaterland« Champagnertoaste auf Kaiser Wilhelm ausgebracht wurden, vergnügte sich das einfachere Volk zum Margeritentag in und vor den Bierzelten auf dem Königsplatz (Wilhelm-Leuschner-Platz, rechts Altes Grassi-Museum, heute Stadtbibliothek, um 1910).

Café, Restaurant und Billardsaal des »Café Royal« befanden sich im ersten Stock, rechts das 1903 abgebrochene Hotel »Münchner Hof« (um 1900).

CAFÉ ROYAL / CAFÉ VATERLAND

Südvorstadt, Königsplatz 15

Der »vor dem Peterstor« (später Königsplatz, heute Wilhelm-Leuschner-Platz) gelegene uralte Ausspanngasthof *Zur dürren Henne* (später *Bamberger Hof*) war schon 1878 abgebrochen worden. 1893 mußte auch das noch ältere *Blaue Roß* dem Bauboom der Gründerzeit weichen, um einem modernen Geschäftsneubau (seit 1896 Warenhaus Ury) Platz zu machen. Im ersten Stock befand sich das noble *Café Royal* (1915 in *Café Vaterland* umge-

tauft). Mit über 400 Plätzen und einem separaten Billardsaal gehörte es unter seinem Betreiber Wilhelm Große um 1910 zu den größten Kaffeehäusern der Stadt.

Der danebenliegende kleine Gasthof, seit 1847 *Münchner Hof* genannt (vormals *Goldener Hut* und *Bairischer Hof*), sah, als dieses Foto gemacht wurde, seinen letzten Tagen entgegen (Abbruch 1903), um einem Neubau Platz zu machen.

Blick auf den ehemaligen Königsplatz mit der »Markranstädter Bier-Halle«, dem Restaurant »Zum Goldnen Engel« (1836 vom Likörfabrikanten Engelmann so genannt), dem Neubau des ehemaligen Gasthofes »Zur Fortuna« und der Hausecke mit dem »Café Ackermann / Babelsberg«. Der Biertransport ist für die kleine Bierhandlung im Hinterhof bestimmt, von denen es in Leipzig um 1900 mehr als 300 gab (um 1900).

Blick vom Königsplatz (Wilhelm-Leuschner-Platz) in die Windmühlenstraße / Ecke Brüderstraße mit Hotel »Stadt Augsburg« (links, Abbruch 1907) und dem Geschäftshaus »Weißer Hirsch«, dessen Fassade von einer prächtigen Hirschplastik bekrönt wurde (Mitte rechts). Der Straßenzug fiel 1943 nahezu vollständig den Bomben zum Opfer (um 1905).

STADT AUGSBURG

Südvorstadt, Windmühlenstraße 5

Pralles Leben pulsierte um 1900 in der Windmühlenstraße, die, wie die Brüderstraße auch, zwischen 1880 und 1910 nahezu komplett neu bebaut wurde. Die alten Ausspanngasthöfe, die sich im 18. Jahrhundert einer nach dem anderen von der Promenade bis zum heutigen Bayrischen Bahnhof erstreckten, verschwanden vollständig. Auch das relativ »junge« Hotel *Stadt Augsburg* wurde 1907 abgebrochen, um einem weiteren Geschäftsneubau (1943 zerstört) zu weichen.

Der Ruf des Hotels war ebenso anrüchig, schillernd und bunt, wie die Reklameaufschrift am Giebel groß und eindeutig. »Concerte renommierter Damenkapellen und Specialitäten« fanden hier statt und waren Nacht für Nacht zu hören und zu haben. Die »Specialität« von niedlichen kleinen Ziegen (für Zoophile, die weder Frauen, Männer noch junge Knaben mochten) ist allerdings nicht für hier, sondern für ein Etablissement in der Sternwartenstraße verbürgt.

Weisser Hirsch

*Südvorstadt, Windmühlenstraße 8-12/
Kramerstraße 1*

»Schiessers Restaurant gehört zu den immer weniger werdenden Lokalen in einer Großstadt, die noch konservativ sind bis auf die Knochen«, stand 1907 in einem Leipziger Wochenblatt. Heinrich Schiesser hatte in dem 1897/99 errichteten Wohn- und Geschäftshauskarree (1943 zerstört) das Restaurant *Weißer Hirsch* (Eingang Kramerstraße) eröffnet, das aus mehreren patriotisch oder altdeutsch dekorierten Räumen bestand, u.a. der Kolonnade, dem Roten Zimmer, dem Altdeutschen Zimmer und dem Jägerheim. Schiesser hieß nicht nur so, er schoß wohl auch.

Hunderte von Bildern »bemooster Häupter« hingen in einem Raum an den Wänden, Jagdtrophäen in einem anderen. Um 1900 verkehrten hier schlagende Verbindungen, die eines der Hinterzimmer als Paukboden nutzen durften – Duelle wurden hier allerdings nicht ausgetragen, zumindest wurde darüber nichts bekannt!

Oben: Das Jägerheim im Restaurant »Weißer Hirsch« (1905).

Unten: Einladung zum Schlachtfest (Annonce, 1911).

CAFÉ
WEISSER HIRSCH

Südvorstadt, Windmühlenstraße 8-12

So wie Heinrich Schiesser sein Restaurant nach dem Hausnamen nannte (der sich auf den Vorgängerbau Gasthof *Zum Hirsch* bezog, dessen vergangener Existenz auch der »Dachhirsch« seine Ausformung verdankte, s. Abb. S. 165), so tat dies auch das 1903 gegründete Konditorei-Unternehmen Ziesing & Co., das im Erdgeschoß desselben Hauses das anspruchsvolle *Café Weißer Hirsch* eröffnete, zu dem auch ein sehr großer Billardsaal (15 Tische) gehörte.

Blick in den Salon »Café Weißer Hirsch« (1914).

Verkaufslokal im »Café Weißer Hirsch« (um 1910).

»Barberina / Mascotte« (um 1930).

BARBERINA
Windmühlenstraße 14/16

Ganz groß mit 2 Kapellen Walter Römer
Albert Raschdorf
Internationales Kabarett-Programm
mit Emilio Lepore, dem ital. Meister-Tenor, Andrea Schoter, Christian Faus, die 4 weißen Teufel,
Tscherkessen-Tänze. Jeden Montag, Dienstag, Mittwoch und Sonnabend bis 3 Uhr nachts

Annonce (1942).

BUNTE BÜHNE / FAUN

Südvorstadt, Windmühlenstraße 14/16

Die »goldenen zwanziger Jahre« fanden in Leipzig ihre buntesten Vergnügungsbühnen der lockeren Unterhaltung in der Windmühlenstraße, in der sich mehr als ein halbes Dutzend davon befand – eine hieß sogar *Bunte Bühne*. Mehrfach wechselten die Betreiber, die Namen, die Ausstattung oder die Programmkonzepte (*Bunte Bühne*, um 1920, Friedrich Hillebrecht; *Barberina Pavillon / Tanzpalast Mascotte*, um 1930, Kurt Kaiser). Als Tanz-, Kabarett- und Unterhaltungsetablissement blieben die Säle bestehen (1943 zerstört).

»*Café Imperator*« (1917).

»*Bunte Bühne*«, eingerichtet mit Beleuchtungskörpern der Sächsischen Broncewarenfabrik Oscar Warstat, Rosenthalgasse 2 (um 1920)

CAFÉ IMPERATOR

Südvorstadt, Windmühlenstraße 31

Wollte man alle Kaffeehaus- und Restaurantplätze zusammenzählen, die zum Beispiel im Sommer 1914 allein in der Windmühlenstraße zur Verfügung standen, käme man sehr schnell auf eine Anzahl von weit über 1000 Plätzen. Allein das nach der Jahrhundertwende eröffnete *Café Imperator*, das nur wenige Jahre bestand, konnte fast 200 Gästen gleichzeitig Platz und Bewirtung bieten.

In dem Gebäude lagerte ansonsten Breitkopf & Härtel seine Bücher, und Ende der zwanziger Jahre befand sich hier das Lichtspielhaus Ufa Palast Astoria, in dem der ruchlose Marlene-Dietrich-Film »Café Electric« gezeigt wurde.

Das Séparée des »*Café Imperator*« hieß »*Gute Stube*« (um 1915).

Der »Reichsadler«, genannt »Gake« (1930).

REICHSADLER (GAKE)

Südvorstadt, Emilienstraße 52

Im Gewerberegister als *Reichsadler* eingetragen, wird das kleine Lokal von den Anwohnern respektlos und auf gut sächsisch nur die *Gake* (Krähe) genannt.

Nicht jeder Gastwirt hatte Mut wie Ludwig Pöckl, einen so drastischen volkstümlichen Namen sowohl an die Hausfront schreiben zu lassen als auch auf den eigenen Postkarten zu verwenden. Würden seine Gäste die Lokalität *Zum dreckigen Löffel* (Stötteritzer Straße) oder *Zu den sechs Arschbacken* (für *Zu den drei Mohren*, Breite Straße) genannt haben, hätte er dies sicherlich nicht getan.

HOTEL HOCHSTEIN

Südvorstadt, Paul-List-Straße 5

Wo im 19. Jahrhundert Bahnhöfe gebaut wurden, entstanden gleichzeitig in unmittelbarer Nähe Hotels. Mit 20 Zimmern gehörte das *Hochstein* am Bayrischen Bahnhof zu den kleineren Hotels an Leipzigs spätbiedermeierlichen Bahnhöfen. Weit über 100 Jahre ist das *Hochstein* nicht nur Quartier für Bahnreisende, die vom »Süden« kamen oder dorthin fuhren. Von Anfang an war das *Hochstein* auch für Leipziger eine wichtige Adresse, nicht zuletzt wegen des großen Bier-, Kaffee- und Konzertgartens, der sich anschloß. Erlebnisgastronomie wurde hier schon vor 1900 geboten:

»Heute großes Backfischessen, frisch aus meinem Bassin, welche sich jeder Fischliebhaber selbst fangen kann«, lautete das – vor allem für Familien mit Kindern – attraktive Angebot des Inhabers Otto Leinhoe im Jahr 1884. Dutzende sehr unterschiedliche Leipziger Vereine tagten im *Hochstein*, u.a. der Russische Akademische Verein (nach 1900), der Militärverein Karabiniers (1925/30) oder der Brieftaubenzuchtverein Lipsia (um 1930).

Prominentester bahnreisender Gast war vom 22.9. bis 24.9.1874 ein gewisser Dr. Carl Marx nebst Tochter »Tussy« – möglicherweise der Grund dafür, daß das zunehmend altersschwache HO-Hotel in den DDR-Zeiten immer wieder notdürftig geflickt, aber letztlich nicht abgerissen wurde, so daß das immer noch stehende, ruinöse Gebäude (Stand: August 1996) seinen morbiden Charme bis heute bewahrte.

Weinstube im »Hotel Hochstein« (um 1925).

Blick vom Bayrischen Platz in die Windmühlen-straße mit »Hotel Hochstein« (um 1930).

*Blick von der Seeburg-
straße in die Friedrich-
straße (1899).*

ZUR STADT WERDAU

Seeburgstraße 90

Von den 120 Gasthäusern, Hotels und Pensionen, die es in Leipzig im Jahr 1900 nach dem offiziellen Adreßbuch gab, gehörte das von Christian F. Böttger in der zumeist von Arbeitern bewohnten Vorstadt betriebene *Zur Stadt Werdau* zu den kleinsten. Als Ende der zwanziger Jahre die Fremdenzimmer nicht mehr im offiziellen Beherbergungsverzeichnis angegeben wurden, existierte weiterhin die kleine Kneipe im Graphischen Viertel, die um 1930 von der Wirtin Ottilie Köbe bewirtschaftet wurde.

Das Haus Petersschießgraben mit »Restaurant C. F. Canitz« (um 1900).

Restaurant C. F. Canitz

Südvorstadt, Peterssteinweg 10 / Münzgasse 1

Offiziell heißt das Gebäude »Petersschießgraben«, weil es 1867 auf dem Gelände des alten Schießplatzes erbaut wurde. Inoffiziell hatte es wesentlich charmantere Namen, unter anderem »Frau Händel«, weil 1963-68 im zweiten Stockwerk Tag für Tag eine reglose Gestalt mit unglaublich weißer Haarpracht am Fenster stand.

Seit 1867 wird in nahezu ununterbrochener Reihenfolge bis heute in diesem Wohn- und Geschäftshaus in den Eckräumen zur Münz gasse Gastwirtschaft betrieben.

Blick in die Münzgasse (um 1910).

Unterschiedlich die wechselnden Betreiber und ihre noch mehr wechselnden Konzepte – vom bürgerlichen *Restaurant C.F. Canitz* (vor 1900), *A. Winklers* (1900) und *W. Toischels* (1930) Bierrestaurants, Marie Pohlers *Roß-fleischgaststätte* (genannt *Ponny-Diele*, um 1950/60) oder dem danach folgenden DDR-vegetarischen, fehlgeschlagenen Versuch einer *Gaststätte Reform* (eröffnet 1962) bis hin *Zur*
kleinen Münze (1989-1993) und dem 1995 eröffneten *Ambiente* reicht die Palette. Mitte der zwanziger Jahre ist *Canitz* Klublokal des Akademischen Rudervereins, und am täglichen Mittagstisch sitzen die Angehörigen des Polnischen Konsulats, das seine Büros im selben Haus hat. Die unweit entfernt liegenden Redaktionen sorgen seit über einhundert Jahren dafür, daß Journalisten von den »Leipziger
Nachrichten« bis zur »LVZ« hier zum Stammpublikum gehören.

In der Münzgasse, die ihr Aussehen bis heute auch fast nicht verändert hat, gab es bis in die vierziger Jahre acht Gaststätten – jede zweite davon wurde von einer Gastwirtin geleitet.

CAFÉ RÖMISCHES HAUS

Südvorstadt, Härtelstraße 27 /
Ecke Peterssteinweg

Zur Erinnerung an das hier vorher stehende Römische Haus (als Gartenpalais 1832/33 errichtet, 1904 abgebrochen) erhielt das Café im Erdgeschoß des an gleicher Stelle errichteten großen neuen Wohn- und Geschäftshauses in seiner Ausstattung »römische Säulen«, Wandbilder vom Kapitol und den Namen *Café Römisches Haus*.

Das neue Gebäude steht noch heute, wird jedoch seit mehr als vierzig Jahren gastgewerblich nicht mehr genutzt.

Das »Römische Haus«, das 1904 abgebrochen wurde (1900).

Eines der Kaffeehäuser in Leipzig mit dem typischen Eckgrundriß an zwei Straßenfronten war das »Café Römisches Haus« (1928).

Restaurant »Stehfest« (1930).

STEHFEST

Südvorstadt, Albertstraße (Riemannstraße) 40

Nicht dem Trinkvermögen der Bauarbeiter, die 1882/85 die neue Peterskirche errichteten, ist der Name *Stehfest* für das Restaurant zu verdanken, dessen Räumlichkeiten unmittelbar neben der Baustelle lagen, sondern dem Familiennamen des Gastwirtes und Hauseigners Friedrich Ferdinand Stehfest (†1898), der in dem Neubau (1876/77 errichtet) im Dezember 1877 seine Restauration eröffnete. Eine von vielen Annoncen lautete zum Beispiel im Jahr 1884: »Restaurant Stehfest, am Bau der neuen Peterskirche, Garten mit großen Co-

lonnaden, Kegelbahn und Billard. Früh Speckkuchen, Ragout fin, Mittagstisch von 12 – 2 Uhr. Hochfeine Biere und Döllnitzer Gose. Abends Allerlei, junge Gans etc.«

Im Laufe der nächsten Jahrzehnte nagte zwar der Zahn der Zeit gewaltig am *Stehfest*, aber seinem Namen (Privata B. Stehfest wohnte 1929 noch im Haus) machte es alle Ehre – auch wenn Garten und Kegelbahn ab den fünfziger Jahren fast zur Gänze verkamen. Es blieb »fest stehen« (bis 1990 von der HO betrieben). Danach folgte die Wendeverwirrung mit der *Hannöverschen Botschaft* bis zu deren polizeilicher Schließung. Seit 19.4.1996 wieder ein öffentlicher Gastbetrieb, heißt das alte *Stehfest* nunmehr – merkwürdigerweise – *Eule*.

VOLKSHAUS

Südvorstadt, Zeitzer Straße (Karl-Liebknecht-Straße) 30-32

Am 15. 6. 1905 wurde der Grundstein gelegt für den ersten Erweiterungsbau des alten *Tivoli*, dem 1843 eröffneten populären Gartenetablissement, das bis 1904 unter diesem Namen bestand. Vierzig Leipziger Arbeiterverbände hatten sich schon 1891 zusammengetan, um ein großes eigenes Gewerkschaftshaus zu errichten, was mit dem *Tivoli*-Grundstückskauf (12.4.1904) endlich in die Tat umgesetzt werden konnte.

»Volkshaus« (um 1925).

»Im Süden, zwischen dem Häusergewühle
Sehn Sie das Weinetablissement Volkshaus-
      diele,
mit einer Kuppel im gotisch-romanisch-arabi-
      schen Jugendstile«,

bedichtete Ernst Weinert das proletarische
Großbauwerk. Von 1904 bis 1933 (nach Zerstörung während des Kapp-Putsches erfolgte
1921/22 ein Gesamtneubau) war das *Volkshaus*
nicht nur die wichtigste Begegnungsstät-
te der verschiedenen Leipziger Gewerkschaften und Arbeitervereine (von der Arbeiter-
Esperanto-Gruppe bis zum Leipziger Vegeta-
rierverein war hier nahezu alles vertreten),
sondern auch einer der leistungsfähigsten gastronomischen Betriebe, der Massenverpfle-
gung nicht nur im eigenen Haus (Volksküche
täglich bis zu 10.000 Portionen), sondern auch
außerhalb zu organisieren in der Lage war. Die
Vollverpflegung für 30.000 Teilnehmer, die am
Ersten Deutschen Arbeiter-Turn-und-Sport-
fest im Jahr 1922 (Messegelände) teilnahmen,
wurde von der Volkshaus GmbH problemlos
bewältigt. Im Haus selbst befanden sich Fleischerei, Bäckerei und Weinkeller, von gepachteten Wirtschaftsgütern (zum Beispiel einem
Weinberg im Rheinland) kam regelmäßig fri-
sches Obst und Gemüse.

Im Jahr 1933 wurde aus dem bisher vorwiegend sozialdemokratischen *Volkshaus* ein
nationalsozialistisches *Haus der Deutschen
Arbeit* in der Adolf-Hitler-Straße, in dem Mas-
senverpflegung, jetzt als K(raft)-d(urch)-
F(reude)-Veranstaltung angesagt war (1943
zerstört). Im nach 1945 neu aufgebauten Haus
der Gewerkschaften spielte Gastronomie in
dieser Größenordnung keine Rolle mehr.

Oben rechts: Das Café im »Volkshaus« (1908).

*Unten: Während des Kapp-Putsches brannte das
»Volkshaus« völlig aus (1920).*

Das Leipziger Volkshaus

Restaurant & Frühstücksstube Müller

Südvorstadt, Zeitzer Straße 24
(Karl-Liebknecht-Straße)

Auf der Rückseite dieses an eine Jenensische Familie Pinther gerichteten Postkartenfotos (abgestempelt 30.1.1912) steht, und es sei wörtlich zitiert, weil selten originell:

»Anbei meine Type vor unseren Haus. Hoffentlich seid Ihr gesund und munter. Daß Marthas Vater mit seiner zukünftigen Frau mal bei uns war wißt Ihr ja. Sonst geht es soweit gut. Geschäft so leidlich. Laßt mal wieder etwas hören. Mit Gruß Olly Willy.
Zeitzerstraße 24.«

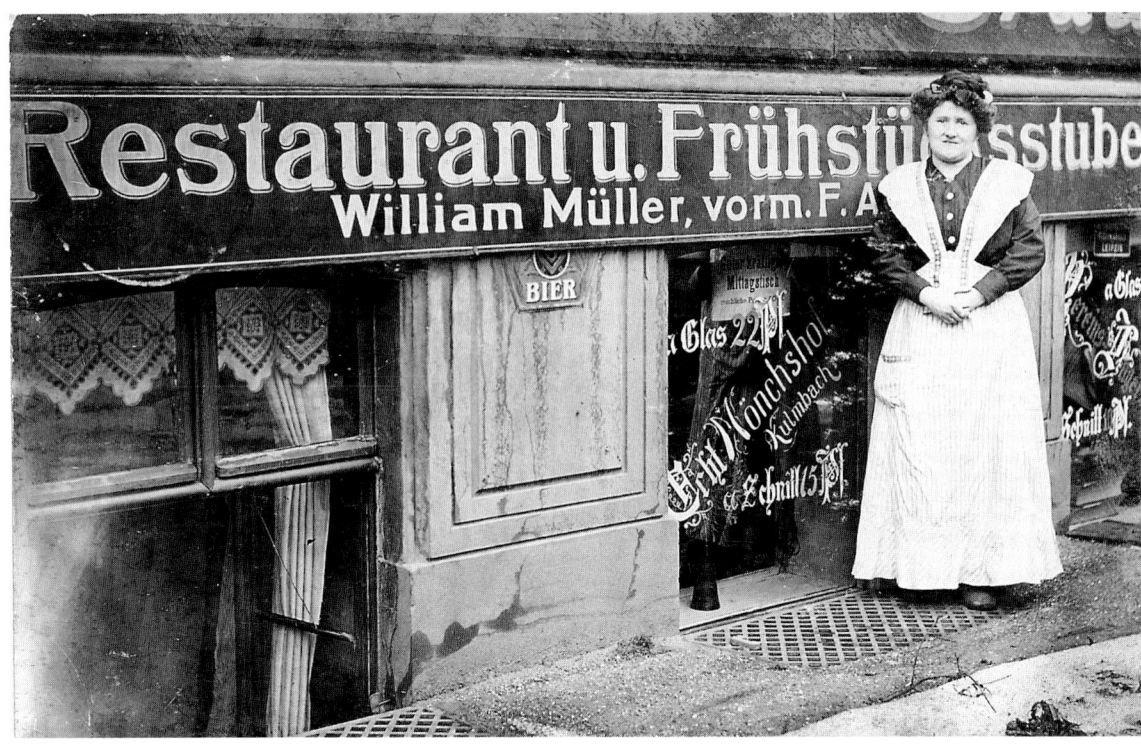

Gastwirtin Müller vor ihrem Souterrain-Lokal (1912).

Restaurant Schauspielhaus

Südvorstadt, Sophienstraße 17/19
(Shakespearestraße)

In der schnell wachsenden Leipziger Südvorstadt, im allgemeinen Sprachgebrauch immer nur »der Süden« genannt, wurde 1873/74 ein privates Theater errichtet, das bis 1877 nach Wiener Vorbild Carl-Theater, danach Carola-Theater und seit 1902 Leipziger Schauspielhaus hieß und das bis 1938 als Privattheater seine künstlerische Selbständigkeit wahren konnte (Gebäude 1943 zerstört).

Garten des »Restaurants Schauspielhaus« (1905).

»Café Lutze« (1931).

CAFÉ LUTZE /
CAFÉ SCHRÖER /
CAFÉ GÜNTHER

*Südvorstadt, Kaiser-Wilhelm-Straße
(August-Bebel-Straße) 2*

Als ständig betriebenes gastgewerbliches Unternehmen existierte das *Restaurant Schauspielhaus* mit seinem schönen Garten vermutlich erst seit dem Theaterumbau im Jahre 1901/02.

Ob Sarah Bernhardt, Asta Nielsen, Albert Bassermann oder wie die Berühmtheiten sonst noch hießen, die hier auf der Bühne zu sehen waren, auch im Restaurantgarten saßen, ist zwar bisher nicht ermittelt, aber gut vorstellbar, da die meisten Premierenfeiern in der hauseigenen Lokalität stattfanden.

Seit 1919 wurde in ununterbrochener Reihenfolge im Erdgeschoß des Eckhauses eine Café-Konditorei betrieben, die aufgrund ihrer Lage zwischen dem Musikviertel, der Rennbahn Scheibenholz und der dichtbesiedelten Südvorstadt bis zum Jahr 1992 (Freitod des letzten Inhabers, seitdem geschlossen) zu den bekanntesten Kaffeehäusern dieses Stadtteils zählte.

Allen Konditormeistern (Wenzel 1919/26, Sitz 1927/30, Lutze 1931/58, Schröer 1959/78, Günther 1978/92) gelang es, sowohl das jeweils eingesessene Publikum als auch eine junge, zumeist studentische Klientel an das Haus zu binden, so daß heute die älteren Jahr-

Straßenterrasse des »Café Lutze«, im Hintergrund eine typische Souterrain-Eckkneipe (1931).

RENNBAHN-GASTSTÄTTE

Scheibenholz, Rennbahnweg 2

Ging es in der alten *Rennbahn-Wirtschaft* (1900 Inh. C.H. Wolff) noch relativ bescheiden zu, so änderte sich dies mit dem Umzug in die 1907 offiziell eröffnete neue Haupttribüne. Einer Annonce von 1925 ist (bis auf die Namensänderung in Clara-Zetkin-Park) nichts hinzuzufügen: »Herrlich am König-Albert-Park und Kettensteg gelegen. Idyllisches Plätzchen zum Nachmittag-Kaffee. Vorzügliche Küche / Echte Biere / Gute Weine.«

Als nobles Wein-, Bier- und Speiserestaurant genoß die *Rennbahn-Gaststätte* von Anbeginn einen erstklassigen Ruf, der auch zu DDR-Zeiten nicht wesentlich nachließ. Da zu allen Zeiten, vor allem nach den Pferderennen am Wochenende, glückliche Turffreunde nach Wettgewinnen, besonders aber während der sich anschließenden heimlichen »Zockorgien« glänzend tranken, hatten auch die späteren HO-Rennbahnwirte bis 1990 (vorläufige Betriebsschließung) immer ihr gutes Auskommen. Die *Rennbahn-Gaststätte* wartet wie die Rennbahn derzeit auf einen Investor.

gänge von »ihrem Café Lutze«, die mittleren von »ihrem Schröer« und die jungen vom »Günther« reden.

Das *Café Lutze / Schröer / Günther* hatte über Jahrzehnte kulturelle Bedeutung: Von Stammtischen aus den zwanziger/dreißiger Jahren um Arthur Nikisch bis zu den mutigen Chansonabenden des Jahrzehnts vor dem Ende der DDR ist die Historie dieses Kaffeehauses noch zu schreiben. Seine Attraktivität lag – abgesehen von der Ortslage und dem traditionellen guten Ruf der Backstube im Keller – nicht zuletzt darin begründet, daß es das letzte »Wiener Café« in Leipzig nach 1945 überhaupt war, dessen Interieur von 1930 (Wandverkleidungen, Spiegel, Marmortische, Thonetstühle, Eckbänke, Garderobenständer) komplett erhalten wurde. Teile der Ausstattung befinden sich heute im *Café des Westens* (Lindenau) oder sind eingelagert.

Blick vom birkenbestandenen Dammweg am Pleißenflutbett zur »Rennbahn-Gaststätte« (nach 1900).

Blick in »Horns Weinstuben« (um 1935).

HORNS WEINSTUBEN

Südvorstadt, Arndtstraße 33

Was im mittleren Süden das *Café Lutze* für den Kaffeekenner, wurde ab den dreißiger Jahren *Horn* für den Liebhaber von Wein, Wermut und Destillaten. Wilhelm Horn (Branntwein- und Likörfabrik, Weingroßhandlung und Wermutkellerei, Prellerstraße) eröffnete 1931 in der Arndtstraße im Parterre neben seinem Ladengeschäft die erste der attraktiven *Horns Weinstuben*.

Zwei Jahre später kamen im ersten Stock eine Schifferstube (mit hanseatischen Requisiten angefüllt), ein Jagdzimmer (mit Trophäen weidmännisch dekoriert) und eine Bauernstube hinzu. Etliche Teile der ursprünglichen Ausstattung von *Horns Weinstuben* (1970 geschlossen, seitdem anderweitig genutzt) sind bis heute erhalten.

Seit 1991 befindet sich die Firma (Horn wurde 1972 wie alle anderen Privatbetriebe in der DDR verstaatlicht) wieder im Familienbesitz und produziert typisch sächsische Spirituosen und Likörspezialitäten, u.a. den Leipziger Allasch (Kümmel) und den Roten Sachsen (Kirsch). Sollten *Horns Weinstuben* wiedererstehen, hätte man reichlich Auswahl!

RESTAURANT A. WIESEMANN

Südvorstadt, Arndtstraße 42

Viele dieser kleinen Speiselokale – hier das des Wirtsehepaares L. und Albert Wiesemann, die aus dem Fenster sehen und das Restaurant bereits vor 1900 führten – wurden nach 1945 zu Wohnungen umgebaut.

Geht man heute durch den Süden, so findet man neben einigen noch immer existierenden, zum Teil neu eingerichteten Lokalen (u.a. *Am Ziel, Scharnhorstquelle, Ha Lecker, Boccaccio, Marienburg, »Frau Krause«*) ansonsten an etlichen Häusern häufig noch die abgeblätterten Aufschriften der Jahrhundertwende – an diesem allerdings nicht mehr.

Das Wirtsehepaar Wiesemann aus der Arndtstraße (um 1900).

Innenansicht einer typischen Leipziger Eckkneipe. Das ehemalige »Bavaria Bräu« (Fichtestraße 25) existiert bis heute. Jahrzehntelang von Selma und Hermann Kunack geführt, danach »Spreewaldgaststätte« (HO), seit 1991 »Spreewaldeck« (um 1925).

MOLTKE

Südvorstadt, Moltke(Kästner)straße 34 /
Ecke Kochstraße 22

Alles, was Otto Kieslings kleine Eckkneipe um 1910 zu bieten hatte, war an der Hausfront abzulesen. Der Vorgänger betrieb eine Restauration und Destillation (Branntwein- und Likörstube), in der auch Gose ausgeschenkt wurde, wie an den links und rechts des Eingangs angemalten Goseflaschen deutlich erkennbar. Als Otto Kiesling nach 1900 das Ecklokal übernahm, ließ er Schilder mit seiner aktuellen Bezeichnung Restaurant und Café *Moltke* anbringen, weil er des Feldmarschalls Namen führen durfte, wie dies ebenso einem anderen (oder einer anderen) vor ihm in der Innenstadt (*Café Moltke*, Nikolaistraße 1) erlaubt worden war. Gose gab es bei Kieslings auch – vielleicht ist es der Wirt selbst, der das typische hohe Glas in der Hand hält.

Ende der zwanziger Jahre war das Lokal bereits einer Schneiderwerkstatt gewichen, und im heute rekonstruierten Gebäude befinden sich wiederum nichtgastgewerbliche Räume.

»Restaurant Moltke« in der Kochstraße (um 1910).

Das nach wie vor wegen seiner guten Küche geschätzte Restaurant »Goldene Krone« (um 1930).

GOLDENE KRONE

Connewitz, Pegauer Straße
(Wolfgang-Heinze-Straße) 39

Im Gegensatz zu ihrem ursprünglichen Stammhaus, der Kronen-Brauerei Bruno Ermisch (Biedermannstraße 40, vormals Hempels Brauerei, 1875 errichtet, nach 1945 VEB-Stadtbrauerei, Abbruch Dezember 1995), steht die 1913 als Brauereigaststätte eröffnete *Goldene Krone*, äußerlich und innerlich nahezu unverändert, bis heute und empfängt wie eh und je Gäste in ihren »altdeutsch« ausgestatteten Räumlichkeiten. Zeitweise wurden hier, laut Leipziger Hotelführern, auch Fremdenzimmer vermietet, ein »richtiger« Hotelbetrieb ist die *Goldene Krone* allerdings wohl zu keiner Zeit gewesen. Die 1943 zerstörten Bleiglasfenster baute im Jahr 1914 die bekannte Werkstatt von Josef Stockinger für 450,– Mark ein.

Das Neueste hinter den ehrwürdigen Mauern ist die Auszierung als »Gosen-Museum«, die dem unermüdlichen Gastwirt Lothar Goldhahn zu verdanken ist, der die *Goldene Krone* seit Januar 1996 betreibt.

WALDCAFÉ

Connewitz, Koburger Straße 6

Ausflugsgaststätten in Connewitz bis hin nach Dölitz – es gab Dutzende davon – lagen um die Jahrhundertwende entweder an der Pleiße (*Zum Wassergott*, 1943 zerstört) oder nahe am Waldrand (*Waldschlößchen*, später *Friedrichshallen*, 1943 zerstört). Neben der *Friedenseiche* (heute *Dölitzer Romantik*) und dem *Eiskellerpark* (heute *Conne Island*) war eines der beliebtesten das große *Waldcafé* (Abbruch für die Auffahrt zur B 2/95). Zum Tanz am Wochenende oder zur Blasmusik zog es Tausende per Schiff, Straßenbahn, Kremserfuhrwerk oder einfach zu Fuß hierher, um sich im Waldlust-Revier zu vergnügen.

Per Schiff zum »Waldcafé« (um 1910).

Eine der Tanzdielen des »Waldcafés« (um 1920).

185

PARK MEUSDORF

Meusdorf, Park

»Gasthof und Gartenrestaurant Meusdorf empfiehlt sich durch den großen, reizenden und romantischen Garten mit Park, Schießstand und Kegelbahn«, lautete 1884 das verlockende Angebot an die Innenstädter, auch in den Südosten von Leipzig zu pilgern. Sie taten es, manchmal waren es mehr als zehntausend! In dem Park von fünf Hektar Größe gab es außer Tanzdielen oder Musikpodien auch den – wie die hauseigene Reklame um 1910 versprach – »schönsten Kinderspielplatz Deutschlands«.

Daß sich nicht nur das Volk hier amüsierte, sondern während der Gedenkfeiern zum 100. Jahrestag der Völkerschlacht im Oktober 1913 sogar gesalbte Häupter im Park gesichtet wurden (Kaiser Wilhelm II., König Friedrich August von Sachsen, Ludwig von Bayern und Erzherzog Ferdinand von Österreich), gehörte zu den ehrfurchtsvoll geraunten Erinnerungen derer, die die Herren wirklich erspäht hatten. Deren Besuchsanlaß war die Einweihung eines Denkmals im Park, der hundert Jahre zuvor ein Schlachtfeld war und andere verbündete Monarchen an gleicher Stelle gesehen hatte.

In den zwanziger/dreißiger Jahren fanden jeden Sonnabend und Sonntag rauschende Ballfeste statt, an die sich noch einige erinnern, die heute hier ihren Lebensabend (Pflegeheim) verbringen.

Einweihung des Schwarzenberg-Denkmals im Park am 18. 10. 1913 (1913).

Teilansicht des Gartenrestaurants »Park Meusdorf« (um 1925).

186

Kleiner Restaurantpavillon im »Park Meusdorf«
(um 1925).

Werbeannonce (1931).

Das alkoholfreie »Königin-Luise-Haus« (1928).

KÖNIGIN-LUISE-HAUS

*Probstheida, Preußenstraße 1 h
(Prager Straße 191)*

Ein prachtvolles Haus hatte sich der Deutsche Frauenbund für alkoholfreie Kultur e.V. in der damaligen Preußenstraße bauen lassen. Unter dem Namen der »edlen Luise«, d.h. der sozial engagierten preußischen Königin Luise, existierte hier eine Ausbildungsstätte für mehr oder weniger höhere Töchter, die neben Kochen und Backen vor allem Hauswirtschaft lernen sollten. Nebenbei wurde ein Kaffee- und Speisehaus geführt, dessen Einnahmen wohl das Budget aufbessern halfen.

Der Küchenplan zeigte sich in den zwanziger Jahren reformfreudig und modern, es gab zwar keinen Alkohol (außer Kochwein), dafür aber neueste Koch- und Backtechniken in der hauseigenen Konditorei und Lehrküche.

In Leipzig war das *Königin-Luise-Haus* eine der wenigen »alkoholfreien« Wirkungsstätten des über ganz Deutschland verbreiteten und aktiven Frauenbundes, der Ende der zwanziger Jahre zum Beispiel in Bremen sieben (Ottilie-Hoffmann-Häuser), in Dresden vier (Weiße Schleifen) und in Köln drei GOAs (Gaststätten ohne Alkohol) betrieb.

Das Gebäude steht bis heute nahezu unverändert, zum Teil von Mietern genutzt, die sich ebenfalls sozialen Diensten widmen – die Gastronomie spielt allerdings keine Rolle mehr.

NAPOLEONSTEIN

Probstheida, Prager Straße 167

»Wer kraucht denn da im Busch herum,
ich glaube, es ist Napoleum.
Was hat er denn zu krauchen dort,
auf, auf Kameraden – jagt ihn fort!«

Als die Völkerschlacht 1812/13 vorbei, Napoleon geschlagen und zigtausend Tote begraben waren, wurden zuerst Napoleon-Reliquien gesammelt, dann kesse Sprüche gedichtet und später heroische Denkmäler errichtet. Die Gaststätte erhielt ihren Namen vom wenige hundert Meter entfernt stehendem Napoleon-Denkmal, das genau an der Stelle errichtet worden war, wo Napoleon I. am 13. 10. 1813 seiner Niederlage durch das Fernrohr entgegenblickte.

Echte, nachgemachte und bald serienmäßig produzierte Erinnerungsstücke an die Völkerschlacht sind bis heute beliebte Sammlerstücke. Einer, der bis 1900 in Leipzig die wohl größte einschlägige Privatsammlung (18.000 Einzelstücke) zusammengebracht hatte, war Johannes Martin Bertsch, der die Schätze in seinem Lokal ausstellte (Waffen, Uniformen, Zeitungsberichte, Dokumente, Kupferstiche).

Das Bier- und Gartenlokal *Napoleonstein* war zwischen 1889 und 1943 ein absolutes Muß für alle, die patriotische Traditionen pflegten oder Napoleon bewunderten. Als *Bertsch's Museum* (1900: ab 8 Uhr geöffnet, Eintritt 50 Pfennig) stand der *Napoleonstein* auch im offiziellen Museumsverzeichnis der Stadt und wurde in jedem besseren Stadtplan als »Völkerschlachtmuseum« verzeichnet. Drei Generationen der Familie Bertsch bewirteten nicht nur Gäste (im Sommer bis zu 800 auf einmal), sondern hüteten auch das Erbe ihres Großvaters, das 1943 ein Raub der Flammen wurde und unwiederbringlich verlorenging.

Museum und Restaurant »Napoleonstein« (um 1920).

Im Garten des »Napoleonstein« (um 1925).

Das in den Trümmern nach 1945 wiedererstandene Gartenrestaurant fristete bis Anfang der achtziger Jahre ein glanzloses Dasein, zuletzt als Sero-Stützpunkt (Annahme von Sekundärrohstoffen: Lumpen, Gläser, Papier). Im Jahr 1990 noch einmal eröffnet, entstand 1995/96 auf dem Flurstück eine Wohnanlage gleichen Namens.

ALT-LEIPZIG

Ausstellungsgelände, Straße des 18. Oktober

»Der Untergang der Leipziger Messe« lautete ein Buchtitel aus dem Jahr 1894.
Die Leipziger Messe steckte in einer gewaltigen Krise. Um aus dieser herauszukommen, wurde die jahrmarktähnliche Warenmesse zugunsten der Mustermesse abgeschafft, in deren Folge nicht nur innerstädtische Messepaläste aus dem Boden gestampft wurden, sondern auch im Südosten der Stadt ein Ausstellungsgelände (ab 1920 Technische Messe) entstand. Das genannte Buch landete im Ramsch der Geschichte. Die erste große Exposition auf dem neuen Ausstellungsgelände war die Internationale Baufach-Ausstellung (IBA), 1913 eröffnet, für die Dutzende von modellhaften gastronomischen Betrieben aufgebaut wurden, unter anderem auch eins, das *Alt-Leipzig* hieß.

Ein Ensemble *Alt-Leipzig* hatte es schon einmal gegeben, im Jahr 1897 auf der Thüringisch-Sächsischen Gewerbeausstellung. Schon damals war die attraktivste unter den zwanzig Branchen (von Chemieindustrie und Maschinenbau über »Frauenarbeit und Hausfleiß« bis zum Sportwesen) unzweifelhaft die Ausstellergruppe 9, die Nahrungs- und Genußmittel präsentierte: »Die Baulichkeiten für Wirtschaftszwecke wurden zum Teil durch die Ausstellungsleitung errichtet, u. a. die Hauptgastwirtschaft, das Hauptcafé, die Wartburg, sowie die gesamten Bauten von *Alt-Leipzig* und dem Thüringer Dorfe. Veranlassung hierzu war zunächst die hierdurch gewonnene Sicherheit der rechtzeitigen Fertigstellung und weiter die im ganzen auch erreichte Absicht, die Bauten in Größe und Form der Umgebung anzupassen ... Für einige weitere Gastwirtschaften, insbesondere für die am großen Teich (heute Fontänenteich im Clara-Zetkin-Park) und entlang des Waldes gelegenen, wurden nur Plätze verpachtet und den von den Pächtern zu errichtenden Bauten die Genehmigung der Baupläne vorbehalten. Um das Publikum möglichst vor Übervorteilungen zu schützen, wurden die Verkaufspreise für die hauptsächlichsten Konsumartikel, insbesondere für Bier, festgesetzt.« Weit über 100 Gastwirte (Einzelpersonen, Firmen und Brauereien) hatten auf dem Ausstellungsgelände ganze Hallen oder Teilflächen angemietet – der Pachterlös nur aus den Gaststätten im Ensemble *Alt-Leipzig* betrug 58 900 Mark. Von einer der hier angebrachten Dekorationen ließ sich kurz nach der Jahrhundertwende ein Gastwirt inspirieren, der in einem Neubau in der Windmühlen-

Konzert- und Künstlerhaus »Alt-Leipzig« (»Klein-Paris«) (Windmühlenstraße 11-13) mit der Kulisse des Alten Rathauses (1912).

Modellgastronomie auf der Internationalen Baufachausstellung 1913, im Vordergrund das »Große Restaurant«, dahinter »Alt-Leipzig« (1913).

straße ein modernes Konzert- und Künstlerhaus mit anheimelnder Dekoration *Klein-
Paris / Alt-Leipzig* (Windmühlenstraße 11-13)
eröffnete (Mitte der zwanziger Jahre zum *Al-
kazar* umdekoriert).

Beim zweiten Mal, 1913, war das Ausstel-
lungsensemble *Alt-Leipzig* noch größer aufgebaut, unter anderem mit einer *Posthalterei* im

Baustil der Renaissance, einem biedermeierlichen *Ausspanngasthof* und einem *Alt-Leipzi-
ger Kaffeegarten.* Die gastgewerblichen Aus-
stellungshallen, im Gewand modernster
Architekturauffassung oder im historischen
Kostüm, blieben für die im Folgejahr stattfin-
dende Weltausstellung für Buchgewerbe und
Graphik (Bugra) entweder stehen oder wur-

den durch andere ergänzt. Manche der Pavil-
lons gab es noch bis zum Jahr 1920, einige fanden sich später neuaufgebaut zum Beispiel
mitten im Wald wieder (s. S. 137). Die IBA
1913 und die Bugra 1914 lebten vom Kontrast
zwischen Alt und Neu. Und die Leipziger
Gastwirte lebten dies mit, indem sie Ausstel-
lungsanregungen, die sie Jahr für Jahr in ihrer

Das Weinrestaurant des »Centraltheaters« auf der Bugra (1914).

Messejob für Musikstudenten als Bänkelsänger vor der Posthalterei im »Alt-Leipzig« auf der Internationalen Baufachausstellung (1913).

Im Pavillon »Alt-Stambul« auf der Bugra 1914 gab es nicht nur echten türkischen Mokka zu trinken, sondern auch tanzende Derwische und Bauchtänzerinnen zu sehen (1914).

Detail des »Alt-Leipzig« auf der Baufachausstellung (1913).

Stadt zu sehen bekamen, in kürzester Zeit für ihre Zwecke nutzten.

Daß ein Leipziger Gastwirt im Jahr 1995 – die Situation der Messestadt zeigt nach der politischen Wende 1989 verblüffende Parallelen zur Umbruchsituation um 1900 – auf die Idee kommt, sein neues Restaurant nach dem Modell des historischen Gastgewerbekonzentrats von 1897 und 1913 in einem hochmodernen Industrie- und Büropalast aus Glas und Beton als *Alt-Leipzig* (Friedrich-List-Straße 11) auszustatten – mit Hunderten von Reliquien aus der Leipziger Gastronomiegeschichte – spricht eine beredte Sprache davon, was es heißt, »zu Gast im alten Leipzig zu sein«.

REGISTER

LITERATUR

Amaranthes (Gottlieb Siegmund Corvinus): Nutzbares, galantes und curiöses Frauenzimmer-Lexicon, Leipzig 1715

Anerkannter Zeitvertreib Des grossen und mannigfachen Vergnügens auf den weltbekanten Lust-Saale Des so genannten Brandtvorwergs ohnweit Leipzig…, Frankfurt/Leipzig o.J. (1746)

Bauer, Ernst: Zum 50jährigen Bestehen der Brauerei Ernst Bauer, Leipzig 1931 (Festschrift)

Bauer, Richard: Baugeschichtliche Nachrichten über die Baarmannschen Häuser und Grundstücke Markt 6 und Katharinenstr. 3 (Manuskript im Stadtgeschichtlichen Museum Leipzig), 1938

Benndorf, Paul: Zwei vergessene Leipziger Goethestätten. Das ehemalige Hahnemannsche Gut und der Große Kuchengarten, Leipzig 1922

Böhnke, Gunter / Heinz-Jürgen-Böhme: Die Gose. Ein patriotischer Epilog, in: Leipziger Blätter 14 (1989), 19ff.

Böttger, Carl: Festschrift zum 25jährigen Jubiläum des Burgkellers, Leipzig 1886

Carus, J.V.: Logen-Arbeiten, gehalten in der Loge Minerva zu den Drei Palmen in Leipzig, Leipzig 1882

Daehne, Paul: Wahrhaftige Chronika von Aeckerleins Keller, hg. v. Curt Däweritz, Leipzig 1921

Daehne, Paul: Auerbachs Keller. Auerbachs Hof. Mädlerpassage 1530-1930, Leipzig 1930

Daehne, Paul: Festschrift der Leipziger Krystall-Palast Aktiengesellschaft, Leipzig 1909

Daehne, Paul: Die Hauptbahnhofswirtschaft zu Leipzig in Wort und Bild, hg. v. E. Naumann, Leipzig o.J.

Eger, Susanna: Leipziger Koch=Buch, welches lehret was man auf seinen täglichen Tisch …, Leipzig 1706

Erler, Georg: Leipziger Magisterschmäuse im 16., 17. und 18. Jahrhundert, Leipzig 1905

Halander, Christian: Die Unschätzbarkeit Des Galanten Leipzig und sonderlich des Kostbaren Auerbachs=Hofes, Leipzig 1717

Heise, Ulla: Der Gastwirt. Ein historisches Berufsbild, Leipzig 1993

Heise, Ulla: Richters Coffe Haus 1772-1794, in: Michael Müller/Ulla Heise, Das Romanushaus in Leipzig, Leipzig 1990, 61ff.

Heise, Ulla / Andreas Reimann: Leipziger Allerlei – Allerlei Leipzig. Ein leicht bekömmliches Lesebuch vom Essen und Trinken aus fünf Jahrhunderten, Leipzig 1993

Hocquél, Wolfgang: Leipzig. Baumeister und Bauten, Leipzig 1990

Horn, Wilhelm: 25 Jahre Wilhelm Horn, Festschrift (1923-1948), Leipzig 1948

Jäger, Marie, Illustriertes Kochbuch für einfache und feine Küche o.J. (um 1880)

(Junghanns, Rudolf:) Festschrift zum 100jährigen Bestehen des Kaffeehauses Felsche, Leipzig 1935

Kaiser, Dolf: Fast ein Volk von Zuckerbäckern? Bündner Konditoren, Cafetiers und Hoteliers in europäischen Landen bis zum Ersten Weltkrieg, Zürich o.J. (1980)

Kapp, Arno / Oswald Winde: Geschichte des Leipziger Burgkellers, hg. v. Sternburg Bierbrauerei, Lützschena/Leipzig 1931

Kitzing & Helbig, Zur 75jährigen Geschichte des Hauses (1830-1905), Leipzig 1905

Knopf, Sabine: Leipzig und der Frühexpressionismus, in: Börsenblatt für den Deutschen Buchhandel 17 (1996), Beilage: Aus dem Antiquariat 2 A 41-55

Kochkunst, Die wahre bürgerliche … Nicht aus Büchern abgeschriebene, sondern in der Küche selbst gemachte Erfahrungen einer Hausmutter, Leipzig 1838

(Kritzinger, Friedrich Adolf:) Die Promenaden bey Leipzig, Leipzig 1781

Kroker, Ernst: Doktor Faust und Auerbachs Keller. Die Sage vom Faßritt, Leipzig 1903

Krünitz, Johann Georg: Oeconomische Encyclopaedie …, Berlin 1784

Lange, Walter: Die Goldene Laute. Vom alten Fuhrmannsgasthof zur modernen Großgarage, Leipzig 1928

Leipzig und seine Bauten, hg. v. Vereinigung Leipziger Architekten und Ingenieure 1842-1892, Leipzig 1892

Müller, Ernst: Die Häusernamen von Alt-Leipzig, Leipzig 1931

Naumann, C.W.: Zum 100jährigen Bestehen Brauerei C.W.Naumann (1828-1928), Leipzig 1928 (Festschrift)

Pilz, Herbert: Leipziger Kulinarien, Heft 1-7 (Manuskriptdrucke), Leipzig 1982-1990

Riebeck & Co. AG, Leipziger Bierbrauerei. Zum 75jährigen Bestehen des Leipziger Stammhauses, Leipzig 1937

Sack, Woldemar: Kaffee Merkur, in: Der Leipziger 47 (1921), 1115

Schimpfermann, Helmut-Henning: Wirtliches an der Pleiße, Hanau 1991

Schumann, Klaus: »Ein paar erhebliche Meilen über dem Kulturmeeresspiegel Berlin«. Joseph Roth in Leipzig, in: Leipziger Blätter 25 (1994), 52ff.

Stolle, Ferdinand: Sachsens Hauptstädte. Ein humoristisch-politisches Doppelpanorama, Leipzig 1834

Szittya, Emil: Das Kuriositätenkabinett, Konstanz 1923

Treutler, Louis: Gedenkschrift zum 30jährigen Ehe- und Geschäftsjubiläum (Zills Tunnel), 1905

Unger, Rudolf: 50 Jahre Poetzsch Kaffee-Großrösterei, Leipzig 1938

Wustmann, Gustav: Der Wirt von Auerbachs Keller. Dr. Heinrich Stromer von Auerbach 1482-1542, Leipzig 1902

Wustmann, Gustav: Gasthöfe, Wirte und Fremde, in: G.W., Aus Leipzigs Vergangenheit. Gesammelte Aufsätze, Bd. 3, Leipzig 1909, 133ff.

Ziesing, Franz: Franz Ziesing & Co. 25 Jahre (1903-1928), Leipzig 1928 (Informationsblatt)

BILDNACHWEIS

GastroCommunication. Kunst, Kultur und Design in der Gastronomie, Leipzig (Archiv): S. 10, 14, 18 (oben), 21, 22, 25, 27–29, 36, 38, 40 (unten), 42 (unten), 43, 44, 45, 46, 51, 52, 53, 59, 65, 66, 67, 68, 69, 73, 74 (unten), 76, 78 (rechts), 83, 87, 88, 90, 91, 93, 94 (oben), 96, 98, 101 (unten), 102, 103, 104, 110, 113, 114, 117 (oben), 118, 119 (oben), 131, 136, 137, 138, 139 (oben), 140 (unten), 145, 149, 150, 151 (rechts), 152 (oben), 153 (unten), 154 (unten), 163, 166, 167, 168, 175 (unten), 179, 180, 182 (oben), 185 (unten), 187, 192 (oben rechts)

Gosenschenke Ohne Bedenken: S. 146, 147

Bernd-Lutz Lange, Leipzig: S. 9, 13, 18, 24, 26, 79 (unten), 94 (unten), 101 (oben), 107, 117 (unten), 119 (unten), 124, 127 (oben), 132, 135, 139 (unten), 141, 146 (rechts), 152 (unten), 153 (oben), 171 (unten), 174, 175 (oben), 182 (unten), 185 (oben), 186, 188, 189 (unten), 190, 192

Museum für Kunsthandwerk (Grassi-Museum), Leipzig: S. 23, 48, 191, 192 (unten), 193

Ratskeller Plagwitz, Leipzig: S. 134

Sammlung Eduscho, Bremen: S. 8, 12

Stadtgeschichtliches Museum, Leipzig: S. 17, 31, 33, 35, 42, 47, 49, 54, 56, 61, 62, 65, 68, 70, 72, 77, 78, 81, 82, 84, 86, 89, 92, 99, 100, 108, 109, 111, 112, 116, 120, 122, 123, 125, 126, 129, 133, 143, 158, 160, 164, 165, 172, 173

Heinz Sterz (Reproduktionen Marion Weißer), Leipzig: S. 20, 30, 34, 37, 39, 50, 55, 57, 58, 60, 63, 71, 74 (oben), 79, 80, 85, 95, 97, 106, 115, 121, 127 (unten), 130, 140 (oben), 142 (oben), 144, 151 (links), 154 (oben), 155, 159, 161, 169 (unten), 171 (oben), 184, 189 (oben)

Andreas Weise, Leipzig: S. 142 (unten)

Wieland Zumpe, Leipzig: S. 32, 40 (oben), 41, 75, 105, 122, 128, 148, 156, 157, 162, 169 (oben), 170, 176, 177, 178, 181, 183, 184

Für ihre freundliche Unterstützung sei an dieser Stelle allen Leihgebern herzlich gedankt. U. H.

Ulla Heise

Zu Gast im alten Dresden

Erinnerungen an Restaurants, Cafés, Hotels, Tanzsäle und
Ausflugslokale

192 Seiten mit zahlreichen historischen Fotografien, Leinen

Wo verbrachten früher die Einwohner von »Elbflorenz« ihre Freizeit?
Wie sah das gastliche Dresden aus, das von der Jahrhundertwende bis in die
dreißiger Jahre immer mehr Gäste in seinen Bann zog? Mit weitgehend
unbekannten Originalfotos und appetitanregenden Texten lädt die Autorin
zu einem historischen Kneipen- und Stadtbummel ein und bekräftigt mit
ihren Porträts die Gültigkeit des zeitgenössischen Zitats:
»An Vergnügungsorthen leidet Dresden in keiner Hinsicht Mangel!«

Hugendubel